NAJLEPSZA ESTOŃSKA KSIĄŻKA KUCHARSKA

100 przepisów na odkrycie kuchni bałtyckiej

Magdalena Pawlak

Prawa autorskie ©2024

Wszelkie prawa zastrzeżone

Żadna część tej książki nie może być wykorzystywana ani przekazywana w jakiejkolwiek formie i w jakikolwiek sposób bez odpowiedniej pisemnej zgody wydawcy i właściciela praw autorskich, z wyjątkiem krótkich cytatów użytych w recenzji . Niniejsza książka nie powinna być traktowana jako substytut porady lekarskiej, prawnej lub innej porady zawodowej.

SPIS TREŚCI

SPIS TREŚCI 3
WSTĘP 6
ŚNIADANIE 7
   1. Gofry Estońskie 8
   2. Chleb pełnoziarnisty (Sepik) 10
   3. Naleśniki (Pannkook) 12
   4. Kringela 14
   5. Chleb Estoński (Nisuleib) 17
   6. Estoński chleb marchewkowy (Porgandileib) 19
   7. Chleb makowy (Moonileib) 21
   8. Estoński chleb z nasionami (Seemneleib) 24
   9. Estoński chleb dyniowy (Kõrvitsaleib) 26
  10. Estoński chleb owsiany (Kaeraleib) 28
  11. Martsipan (Marcepan) 30
  12. Estońska słodka bułka (Saiake) 32
  13. Tradycyjny chleb estoński (Kama Leib) 35
  14. Owsianka jagodowa (Mustikapuder) 37
  15. Chleb Czarny Żytni (Rukkileib) 39
  16. Estońska owsianka owsiana 41
  17. Puree Jajkowe (Munavõi) 43
  18. Kiełbasa Estońska (Eesti Vorst) 45
  19. Omlet estoński 48
  20. Kama Kottidega 50
  21. Placki Ziemniaczane 52
  22. Estoński omlet warzywny (Juurviljaomlett) 54
  23. Estońska owsianka jęczmienna (Oderpuder) 56
PRZEKĄSKI 58
  24. Placuszki z bobu (Hõrgud Kõrtpoolakesed) 59
  25. Estońska przekąska z twarogu (Kohupiimakreem) 61
  26. Estoński Semla (Vastlakukkel) 63
  27. Estońska kanapka ze szprotem (Sprotivõileib) 66
  28. Pasztet z kurczaka 68
  29. Chipsy ziemniaczane (Kartulikrõpsud) 71
  30. Krążki Cebulowe (Sibulakrõpsud) 73
  31. Przekąska z pieczonego ziarna (Kama) 75
  32. Chipsy z dzikiego czosnku (Karulauguviilud) 77
  33. Konserwy Mięsne z Łosia (Põdralihakonserv) 79
  34. Estońskie plastry śledzia (Kiluviilud) 82
  35. Estońskie paluszki chlebowe (Leivasnäkid) 84
  36. Estońskie Pikle (Hapukurk) 86

37. KOHUKE 88
38. BUŁECZKI Z SZYNKĄ I SEREM 90
39. ESTOŃSKIE KULKI ZIEMNIACZANE (KARTULIPALLID) 93
40. ESTOŃSKIE PLASTRY MARCHEWKI 95
41. GRZYBY MARYNOWANE 97

SAŁATKI 99
42. ESTOŃSKA SAŁATKA ZIEMNIACZANA 100
43. SAŁATKA Z BURAKÓW (PUNASEPEEDISALAT) 102
44. SAŁATKA GRZYBOWA (SEENESALAT) 104
45. SAŁATKA OGÓRKOWA (KURGISALAT) 106
46. SAŁATKA ŚLEDŹOWA (SUITSUSILLI SALAT) 108
47. SAŁATKA MARCHEWKOWA (PORGANDISALAT) 110
48. SAŁATKA Z KAPUSTY (KAPSASALAT) 112
49. SAŁATKA POMIDOROWO-OGÓRKOWA (TOMATI-KURGISALAT) .. 114
50. SAŁATKA MIESZANA (SEGASALAT) 116

ZUPY 118
51. ZUPA GROCHOWA (HERNESUPP) 119
52. ESTOŃSKA ZUPA Z PUREE DYNIOWEGO 121
53. ZUPA GRZYBOWA (SEENESUPP) 123
54. ESTOŃSKA ZUPA GROCHOWA (KAALIKA-HERNESUPP) 125
55. ZUPA RYBNA (KALASUPP) 127
56. ZUPA BURACZANA (BORSISUPP) 129
57. TRADYCYJNA ZUPA Z KISZONEJ KAPUSTY (HAPUKAPSASUPP) .. 131
58. ZUPA JĘCZMIENNA (ODRASUPP) 134
59. KAPUŚNIAK 136
60. ESTOŃSKA ZUPA Z KISZONEJ KAPUSTY (HAPUKAPSASUPP) 138

DANIA GŁÓWNE 140
61. GULASZ WIEPRZOWY I KISZONEJ KAPUSTY (SEAKAPSAHAUTIS) . 141
62. GULASZ WOŁOWY (HAKKLIHAHAUTIS) 143
63. GULASZ Z KURCZAKA I WARZYW 145
64. GULASZ FASOLOWY (OA- VÕI HERNESUPP) 148
65. ESTOŃSKA ZAPIEKANKA RYŻOWO-GRZYBOWA (SEENERIIS) 150
66. ESTOŃSKA ZAPIEKANKA Z KAPUSTĄ I RYŻEM (KAPSA-RIIISIVORM) . 153
67. ESTOŃSKI SMAŻONY RYŻ I WARZYWA (RIIS JA KÖÖGIVILJAD WOKIS) . 156
68. ESTOŃSKIE ZIEMNIAKI ZAPIEKANE W PIEKARNIKU (AHJUKARTULID) . 158
69. SOS WARZYWNY MIELONY 160
70. KÕRVITSAKOTLETID 163
71. PAJAROOG 165
72. ESTOŃSKIE KLOPSIKI WOŁOWE (LIHAPALLID) 167
73. ESTOŃSKIE ROLADY WOŁOWE (RÄIMERULLID) 169
74. ESTOŃSKIE PASZTECIKI WOŁOWE (HAKKLIHAKOTLETID) 171
75. ESTOŃSKI ROLOWANY ŚLEDŹ (RÄIMERULLID) 173
76. ZAPIEKANKA WOŁOWO-ZIEMNIACZANA 175

- 77. Marmorliha 177
- 78. Zapiekanka z Kurczakiem i Makaronem 179
- 79. Estońskie Wrapy z Kurczakiem (Kanawrapid) 182
- 80. Kotlety schabowe z grilla (Grillitud Seakarbonaad) 184
- 81. Szaszłyki Wołowo-Warzywne (Veiseliha- ja Köögiviljavardad) 186
- 82. Szaszłyki z warzywami i serem Halloumi 188

DESER 190

- 83. Słodki chleb warkoczowy 191
- 84. Estoński Twaróg (Kohupiimakook) 194
- 85. Ciasto Chleb Żytni (Karask) 197
- 86. Tort z misiem (Mõmmik) 199
- 87. Sernik Twaróg (Kubujuustukook) 202
- 88. Babcine ciasto (Vanaema Kook) 205
- 89. Estoński tort blaszany (Plaadikook) 208
- 90. Kissel rodzynkowy (Rosinakissell) 211
- 91. Estońska Zupa Deserowa (Leivasupp) 213
- 92. Vahukoor-Kohupiimakook 215
- 93. Ciasto Ziemniaczane (Kartulikook) 218
- 94. Kamavaht 221
- 95. Kama i Szarlotka (Kama-Õunakook) 223

NAPOJE 226

- 96. Wino Owocowe (Leibkonna Jook) 227
- 97. Kwas 229
- 98. Kefir 231
- 99. Morss estoński 233
- 100. Estoński napój Kali 235

WNIOSEK 237

WSTĘP

Witamy w „Najlepszej estońskiej książce kucharskiej", eksploracji kulinarnych przysmaków Estonii, kraju położonego w sercu regionu bałtyckiego. W tej książce kucharskiej zapraszamy Cię w podróż mającą na celu odkrycie bogatych i różnorodnych smaków kuchni estońskiej dzięki 100 autentycznym przepisom. Od obfitych gulaszów po pocieszające desery, każde danie oferuje wgląd w wyjątkowe dziedzictwo kulinarne tego pięknego kraju.

Kuchnia estońska jest odzwierciedleniem jej historii, geografii i wpływów kulturowych, łącząc elementy skandynawskich, rosyjskich i niemieckich tradycji kulinarnych z lokalnymi składnikami i technikami. Od lasów i jezior po wybrzeża i okolicę, naturalne bogactwo Estonii stanowi podstawę szerokiej gamy pysznych i satysfakcjonujących potraw.

W tej książce kucharskiej odkryjemy smaki Estonii, od tradycyjnych przysmaków, takich jak śledź i czarny chleb, po nowoczesne interpretacje klasycznych potraw. Niezależnie od tego, czy masz ochotę na pożywną zupę, która rozgrzeje Cię w mroźny zimowy dzień, czy na orzeźwiający deser, którym możesz delektować się w letnim słońcu, znajdziesz tu coś, co zaspokoi każde podniebienie i każdą okazję. Ale „Najlepsza estońska książka kucharska" to coś więcej niż tylko zbiór przepisów — to święto estońskiej kultury, historii i gościnności. Przeglądając te strony, poznasz tradycje i zwyczaje, które ukształtowały kuchnię estońską, a także wskazówki i techniki odtwarzania autentycznych estońskich potraw we własnej kuchni.

Niezależnie od tego, czy jesteś żądnym przygód kucharzem szukającym nowych smaków, czy też osobą z miłymi wspomnieniami o kuchni estońskiej, niech „Najlepsza estońska książka kucharska" będzie Twoim przewodnikiem. Od tętniących życiem targowisk w Tallinie po ciche wioski na wsi – niech każdy przepis przeniesie Cię do serca Estonii i zainspiruje do tworzenia pysznych dań, które celebrują bogate dziedzictwo kulinarne kraju.

ŚNIADANIE

1. Estońskie gofry

SKŁADNIKI:
- 2 duże jajka
- ½ szklanki granulowanego cukru
- ½ szklanki roztopionego, niesolonego masła
- 1 ½ szklanki mąki uniwersalnej
- 1 ½ łyżeczki proszku do pieczenia
- 1 łyżeczka ekstraktu waniliowego
- ¼ łyżeczki soli
- 1 szklanka pełnego mleka
- Bita śmietana i dżem do podania

INSTRUKCJE:

a) W odpowiedniej misce wymieszaj jajka z cukrem, aż dobrze się połączą. W misce wymieszaj roztopione masło, mąkę, proszek do pieczenia, ekstrakt waniliowy i sól. Mieszaj, aż przygotowane ciasto będzie gładkie i pozbawione grudek. Stopniowo dodawaj mleko do przygotowanego ciasta, dokładnie mieszając po każdym dodaniu, aż przygotowane ciasto uzyska gęstą, ale lejącą konsystencję. Rozgrzej gofrownicę zgodnie z instrukcją producenta. Na rozgrzaną gofrownicę nałóż łyżką około ¼ do ½ szklanki ciasta (w zależności od wielkości gofrownicy) i równomiernie rozprowadź.

b) Zamknij gofrownicę i usmaż gofr na złoty kolor i chrupkość, postępując zgodnie z instrukcją obsługi gofrownicy. Ostrożnie wyjmij gofr z żelazka i połóż go na drucianej kratce, aby lekko ostygł. Powtarzaj tę czynność z pozostałym ciastem, aż wszystkie gofry będą upieczone. Podawaj gofry estońskie na ciepło z bitą śmietaną i dżemem na wierzchu lub innymi dodatkami, takimi jak świeże jagody lub cukier puder. Rozkoszuj się pysznymi estońskimi goframi jako słodką przekąską lub deserem!

2.Chleb Pełnoziarnisty (Sepik)

SKŁADNIKI:
- 3 szklanki mąki pełnoziarnistej
- 1 ½ szklanki ciepłej wody
- ¼ szklanki miodu lub syropu klonowego
- 2 ¼ łyżeczki aktywnych suchych drożdży
- 2 łyżeczki soli
- 2 łyżki oleju roślinnego

INSTRUKCJE:
a) W odpowiedniej misce wymieszaj ciepłą wodę, miód (lub syrop klonowy) i drożdże. Mieszaj, aż drożdże się rozpuszczą . Odstawiamy na około 5 minut, aż drożdże się spienią. W misce z mieszanką drożdży wymieszaj mąkę pełnoziarnistą , sól i olej roślinny. Dobrze wymieszaj, aby utworzyć ciasto. Na posypanej mąką powierzchni zagniataj ciasto przez około 5-7 minut, aż stanie się gładkie i elastyczne. Jeśli ciasto będzie zbyt klejące, można dodać trochę więcej mąki, jednak należy uważać, aby nie dodać jej za dużo, gdyż może to spowodować, że chleb będzie gęsty. Z ciasta uformuj kulę i włóż do natłuszczonej miski. Przykryj czystym ręcznikiem lub folią i odstaw do wyrośnięcia w ciepłym miejscu bez przeciągów na około 1 godzinę, aż podwoi swoją objętość.
b) Rozgrzej piekarnik w temperaturze 375°F. Natłuść formę do pieczenia. Wyrośnięte ciasto zagnieść i przełożyć na blat posypany mąką. Uformuj z niego bochenek i włóż do natłuszczonej formy do pieczenia. Przykryj formę do pieczenia czystym ręcznikiem lub folią spożywczą i pozostaw ciasto do wyrośnięcia na kolejne 30-45 minut, aż osiągnie szczyt formy. Gdy ciasto wyrośnie, włóż formę do nagrzanego piekarnika i piecz przez 30-35 minut, aż wierzch będzie złotobrązowy, a chleb postukany w spód będzie wydawał głuchy dźwięk. Wyjmij chleb z piekarnika i pozostaw go do ostygnięcia w formie na około 5 minut, następnie umieść go na kratce do całkowitego wystygnięcia przed pokrojeniem i podaniem. Ciesz się domowym chlebem pełnoziarnistym Sepik! Doskonale nadaje się do kanapek, tostów, a także jako dodatek do zup i gulaszy.

3. Naleśniki (Pannkook)

SKŁADNIKI:
- 2 filiżanki mąki uniwersalnej
- 2 szklanki mleka
- 2 duże jajka
- ¼ szklanki granulowanego cukru
- ½ łyżeczki soli
- 1 łyżeczka ekstraktu waniliowego
- ¼ szklanki niesolonego masła, roztopionego
- Dodatkowe masło lub olej do smażenia
- Dżem, świeże jagody, bita śmietana, cukier puder, do posypania

INSTRUKCJE:
a) W odpowiedniej misce wymieszaj mąkę, mleko, jajka, cukier, sól i ekstrakt waniliowy, aż dobrze się połączą.
b) Do przygotowanego ciasta dodać roztopione masło i ponownie wymieszać, aż przygotowane ciasto będzie gładkie. Rozgrzej patelnię lub patelnię z powłoką nieprzywierającą na średnim ogniu i lekko nasmaruj masłem lub olejem.
c) Wlać około ¼ szklanki ciasta na rozgrzaną patelnię lub patelnię na każdy naleśnik.
d) Gotuj, aż na powierzchni naleśnika utworzą się bąbelki, a krawędzie zaczną wyglądać na gotowe, około 2-3 minuty. Obróć naleśnik i smaż przez dodatkowe 1-2 minuty po drugiej stronie, aż uzyska złoty kolor. Zdejmij ugotowany naleśnik z patelni lub patelni i powtórz proces z pozostałym ciastem, dodając więcej masła lub oleju, jeśli to konieczne, aby zapobiec przywieraniu.
e) Podawaj gorące naleśniki Pannkook z ulubionymi dodatkami, takimi jak dżem, świeże jagody, bita śmietana lub cukier puder. Ciesz się pysznymi estońskimi naleśnikami!

4. Kringela

SKŁADNIKI:
CIASTO
- 4 szklanki mąki uniwersalnej
- ½ szklanki cukru granulowanego
- ½ łyżeczki soli
- 2 ¼ łyżeczki aktywnych suchych drożdży
- 1 szklanka ciepłego mleka
- ½ szklanki roztopionego, niesolonego masła
- 2 duże jajka
- 1 łyżeczka ekstraktu waniliowego

POŻYWNY
- ½ szklanki niesolonego masła, zmiękczonego
- ½ szklanki cukru granulowanego
- 1 łyżka mielonego cynamonu
- ½ szklanki posiekanych orzechów (migdały, orzechy włoskie lub pekan), opcjonalnie

GLAZURA
- ½ szklanki cukru pudru
- 2 łyżki mleka
- 1 łyżeczka ekstraktu waniliowego

INSTRUKCJE:
a) W odpowiedniej misce wymieszaj cukier, mąkę, sól i drożdże. W osobnej misce wymieszaj ciepłe mleko, roztopione masło, jajka i ekstrakt waniliowy. Dobrze wymieszaj.

b) Stopniowo dodawaj mieszankę suchej mąki, mieszając, aż powstanie miękkie ciasto. Ciasto wyłóż na blat posypany mąką i ugniataj przez około 5-7 minut, aż stanie się gładkie i elastyczne.

c) Ciasto ponownie włożyć do miski miksującej, przykryć czystym ręcznikiem lub folią spożywczą i odstawić do wyrośnięcia w ciepłym, pozbawionym przeciągów miejscu na około 1 godzinę, aż podwoi swoją objętość.

d) W czasie gdy ciasto rośnie, przygotuj nadzienie, mieszając w odpowiedniej misce miękkie masło, cukier, cynamon i posiekane orzechy (jeśli używasz). Odłożyć na bok.

e) Rozgrzej piekarnik w temperaturze 350°F. Blachę do pieczenia wyłóż papierem pergaminowym. Gdy ciasto wyrośnie, ugniatamy je i wykładamy na blat posypany mąką. Rozwałkuj go na prostokąt o wymiarach około 18 x 12 cali. Na cieście równomiernie rozsmaruj nadzienie, zostawiając odpowiedni brzeg na brzegach.
f) Zaczynając od jednego dłuższego boku, ciasno zwiń ciasto w wałek, ściskając krawędzie, aby je uszczelnić. Ostrożnie przenieś rozwałkowane ciasto na przygotowaną blachę do pieczenia i uformuj z niego pierścień, ściskając końce razem, aby uszczelnić i uformować okrągły kształt. Używając ostrych nożyczek lub noża, wykonaj nacięcia w cieście na około ⅔ w odstępach co 1 cal, pozostawiając środek nienaruszony. Delikatnie przekręć każdą część ciasta na zewnątrz, aby uzyskać efekt warkocza. Piec Kringel w nagrzanym piekarniku przez 25-30 minut, aż uzyska złoty kolor, a chleb postukany w spód będzie wydawał głuchy dźwięk.
g) Wyjąć Kringel z piekarnika i pozostawić do wystygnięcia na blasze do pieczenia na około 10 minut, następnie przełożyć na kratkę do całkowitego wystygnięcia.
h) Gdy Kringel ostygnie, przygotuj lukier, mieszając w odpowiedniej misce cukier puder, mleko i ekstrakt waniliowy.
i) Gdy Kringel ostygnie, posmaruj wierzch glazurą. Pokrój i podawaj Kringel i delektuj się tym pysznym estońskim słodkim chlebem!

5. Chleb Estoński (Nisuleib)

SKŁADNIKI:
- 1 funt mąki pszennej
- 1 łyżeczka aktywnych suchych drożdży
- 1 łyżeczka soli
- 1 łyżeczka cukru
- 1 ¼ szklanki ciepłej wody
- 1 uncja. masło, stopione

INSTRUKCJE:

a) W odpowiedniej misce wymieszaj mąkę pszenną, drożdże, sól i cukier. Mieszaj, aby dobrze wymieszać. Stopniowo dodawaj ciepłą wodę cały czas mieszając, aż ciasto się połączy. Ciasto wyłóż na posypaną mąką powierzchnię i ugniataj przez około 5-7 minut, aż ciasto stanie się gładkie i elastyczne. Ciasto ponownie włożyć do miski miksującej, przykryć czystą ściereczką i odstawić do wyrośnięcia w ciepłym miejscu na około 1 godzinę, aż podwoi swoją objętość.

b) Rozgrzej piekarnik do temperatury 400°F i nasmaruj formę do pieczenia chleba. Wyrośnięte ciasto zagnieść i przełożyć na blat posypany mąką. Uformuj z niego bochenek i włóż do natłuszczonej formy do pieczenia chleba. Posmaruj roztopionym masłem wierzch ciasta. Piecz chleb w nagrzanym piekarniku przez 25-30 minut, aż nabierze złotobrązowego koloru z wierzchu i będzie wydawać głuchy dźwięk przy postukaniu od spodu. Wyjmij chleb z piekarnika i pozostaw go na kilka minut w formie do ostygnięcia, a następnie przełóż go na kratkę do całkowitego wystygnięcia.

c) Gdy chleb ostygnie, pokrój go i podawaj według uznania. Ciesz się domowym estońskim chlebem pszennym! Idealnie nadaje się do kanapek, tostów lub po prostu jako pyszny dodatek do posiłków.

6. Estoński chleb marchewkowy (Porgandileib)

SKŁADNIKI:
- 2 filiżanki mąki uniwersalnej
- 1 szklanka startej marchewki
- ½ szklanki) cukru
- ½ szklanki oleju roślinnego
- 2 duże jajka
- 1 łyżeczka proszku do pieczenia
- ½ łyżeczki sody oczyszczonej
- ½ łyżeczki soli
- 1 łyżeczka cynamonu
- ½ łyżeczki gałki muszkatołowej
- ½ szklanki posiekanych orzechów włoskich lub pekan (opcjonalnie)

INSTRUKCJE:

a) Rozgrzej piekarnik do temperatury 350°F i natłuść formę do pieczenia. W odpowiedniej misce wymieszaj cukier, mąkę, proszek do pieczenia, sodę oczyszczoną, sól, cynamon i gałkę muszkatołową. Mieszaj, aby dobrze wymieszać. W osobnej misce wymieszaj startą marchewkę, olej roślinny i jajka, aż dobrze się połączą.

b) Dodaj mieszankę marchewki do suchych składników i mieszaj, aż się połączą. Jeśli używasz orzechów, dodaj posiekane orzechy włoskie lub pekan. Przygotowane ciasto wylać do natłuszczonej formy do pieczenia i wygładzić wierzch szpatułką.

c) Piec w nagrzanym piekarniku przez 45-50 minut, aż wykałaczka wbita w środek chleba będzie sucha. Wyjmij chleb marchewkowy z piekarnika i pozostaw go do ostygnięcia w formie na 10 minut, a następnie przełóż na kratkę do całkowitego wystygnięcia. Gdy chleb ostygnie, pokrój go w plasterki i podawaj według uznania. Można go spożywać na gładko, z masłem lub jako chleb kanapkowy.

7.Chleb Makowy (Moonileib)

SKŁADNIKI:
CIASTO
- 2 filiżanki mąki uniwersalnej
- ½ szklanki) cukru
- 1 łyżeczka aktywnych suchych drożdży
- ½ łyżeczki soli
- ½ szklanki mleka
- ¼ szklanki niesolonego masła, roztopionego
- 2 duże jajka
- 1 łyżeczka ekstraktu waniliowego

NADZIENIE MAKOWE
- 1 szklanka maku
- ½ szklanki mleka
- ¼ szklanki miodu
- ¼ szklanki) cukru
- ¼ szklanki niesolonego masła
- ½ łyżeczki ekstraktu waniliowego

INSTRUKCJE:

a) W odpowiednim rondlu wymieszaj mak, mleko, miód, cukier, masło i ekstrakt waniliowy. Do nadzienia. Doprowadzić do wrzenia na małym ogniu i gotować przez 5 minut, ciągle mieszając. Zdjąć z ognia i pozostawić nadzienie do ostygnięcia do temperatury pokojowej.

b) W odpowiedniej misce wymieszaj cukier, mąkę, drożdże i sól na ciasto. W osobnej misce wymieszaj mleko, roztopione masło, jajka i ekstrakt waniliowy. Dobrze ubij.

c) Wlać mieszaninę suchej mąki i mieszać, aż powstanie ciasto. Zagniataj ciasto na posypanej mąką powierzchni przez 5-7 minut, aż stanie się gładkie i elastyczne.

d) Ciasto włóż do natłuszczonej miski, przykryj czystą ściereczką i odstaw do wyrośnięcia w ciepłym miejscu na około 1 godzinę, aż podwoi swoją objętość.

e) Uderz ciasto i wyłóż je na posypaną mąką powierzchnię. Rozwałkuj go na prostokąt o grubości około ¼ cala. Na cieście równomiernie

rozsmaruj schłodzony nadzienie makowe, pozostawiając odpowiedni brzeg na brzegach.
f) Zwiń ciasto ciasno od dłuższego boku, w stylu galaretki . Rozwałkowane ciasto ułożyć łączeniem do dołu w natłuszczonej formie do pieczenia. Przykryj czystą ściereczką i odstaw do wyrośnięcia na kolejne 30-45 minut. Rozgrzej piekarnik w temperaturze 350°F. Piecz chleb makowy w nagrzanym piekarniku przez 30-35 minut, aż wierzch będzie złocistobrązowy, a temperatura wewnętrzna osiągnie 190°F na termometrze natychmiastowym.
g) Wyjmij chleb z piekarnika i pozostaw go do ostygnięcia w formie na 10 minut, następnie przełóż go na kratkę do całkowitego wystygnięcia.
h) Gdy chleb ostygnie, pokrój go w plasterki i podawaj według uznania. Rozkoszuj się pysznym estońskim chlebem makowym!

8. Estoński chleb z nasionami (Seemneleib)

SKŁADNIKI:
- 2 szklanki mąki żytniej
- 1 Mąkę o wszechstronnym przeznaczeniu
- ¼ szklanki nasion słonecznika
- ¼ szklanki pestek dyni
- ¼ szklanki siemienia lnianego
- ¼ szklanki nasion sezamu
- 1 łyżeczka soli
- 1 łyżeczka aktywnych suchych drożdży
- 2 szklanki ciepłej wody

INSTRUKCJE:
a) W odpowiedniej misce wymieszaj mąkę żytnią, mąkę uniwersalną, pestki słonecznika, pestki dyni, siemię lniane, nasiona sezamu, sól i drożdże. Do suchych składników dodajemy ciepłą wodę i mieszamy, aż powstanie lepkie ciasto. Przykryj miskę czystą ściereczką i odstaw ciasto na 30 minut.

b) Rozgrzej piekarnik do temperatury 400°F i natłuść formę do pieczenia. Gdy ciasto odpocznie, przełóż je do natłuszczonej formy do pieczenia i wygładź wierzch wilgotną szpatułką. Pozostaw ciasto do wyrośnięcia w ciepłym miejscu na 30-45 minut, aż lekko wyrośnie i będzie wyglądać na puszyste.

c) Piec chleb z nasionami w nagrzanym piekarniku przez 50-60 minut, aż będzie złocistobrązowy z wierzchu i będzie głuchy przy pukaniu od spodu. Wyjmij chleb z piekarnika i pozostaw go do ostygnięcia w formie na 10 minut, następnie przełóż go na kratkę do całkowitego wystygnięcia. Gdy chleb ostygnie, pokrój go w plasterki i podawaj według uznania. Ciesz się pożywnym i pysznym estońskim chlebem z nasionami!

9.Estoński chleb dyniowy (Kõrvitsaleib)

SKŁADNIKI:

- 2 filiżanki mąki uniwersalnej
- 1 szklanka cukru
- 1 łyżeczka proszku do pieczenia
- ½ łyżeczki sody oczyszczonej
- ½ łyżeczki soli
- 1 łyżeczka cynamonu
- ½ łyżeczki gałki muszkatołowej
- ½ łyżeczki imbiru
- ¼ łyżeczki goździków
- 2 duże jajka
- 1 szklanka puree z dyni
- ½ szklanki oleju roślinnego
- ¼ szklanki mleka
- 1 łyżeczka ekstraktu waniliowego

INSTRUKCJE:

a) Rozgrzej piekarnik do temperatury 350°F i nasmaruj formę do pieczenia chleba o wymiarach 9 x 5 cali. W odpowiedniej misce wymieszaj cukier, mąkę, proszek do pieczenia, sodę oczyszczoną, sól, cynamon, gałkę muszkatołową, imbir i goździki. W osobnej misce ubij jajka, następnie dodaj puree z dyni, olej roślinny, mleko i ekstrakt waniliowy. Mieszaj, aż dobrze się połączą.

b) Dodajemy mieszankę suchej mąki i mieszamy, aż składniki się połączą. Nie przesadzaj. Przygotowane ciasto wylać do natłuszczonej formy do pieczenia i wygładzić wierzch szpatułką.

c) Piec w nagrzanym piekarniku przez 50-60 minut, aż wykałaczka wbita w środek chleba będzie sucha.

d) Wyjmij chleb dyniowy z piekarnika i pozostaw go do ostygnięcia w formie na 10 minut, a następnie przełóż na kratkę do całkowitego wystygnięcia. Gdy chleb ostygnie, pokrój go w plasterki i podawaj według uznania.

e) Rozkoszuj się pysznym i wilgotnym estońskim chlebem dyniowym!

10. Estoński Chleb Owsiany (Kaeraleib)

SKŁADNIKI:
- 2 szklanki płatków owsianych
- 2 szklanki wrzącej wody
- 2 łyżki masła
- 2 łyżki melasy lub miodu
- 2 łyżeczki soli
- 2 łyżeczki aktywnych suchych drożdży
- 4 szklanki mąki uniwersalnej
- Dodatkowe płatki owsiane do dekoracji

INSTRUKCJE:

a) Do odpowiedniego naczynia miksującego wsyp płatki owsiane i zalej je wrzątkiem. Wymieszaj masło, melasę lub miód i sól. Pozwól tej mieszaninie ostygnąć do letniej. Posyp drożdżami mieszaninę owsianą i mieszaj, aż się rozpuszczą. Stopniowo dodawaj mąkę, dokładnie mieszając po każdym dodaniu, aż powstanie miękkie ciasto. Wyłóż ciasto na posypaną mąką powierzchnię i ugniataj przez około 5-7 minut, aż ciasto będzie gładkie i elastyczne.

b) Włóż ciasto z powrotem do miski miksującej i przykryj czystą ściereczką. Odstawić do wyrośnięcia w ciepłe, pozbawione przeciągów miejsce na około 1 godzinę, aż podwoi swoją objętość. Rozgrzej piekarnik do temperatury 375°F i nasmaruj formę do pieczenia chleba o wymiarach 9 x 5 cali. Uderz ciasto i wyłóż je na lekko posypaną mąką powierzchnię. Uformuj z niego bochenek i włóż do przygotowanej formy. Posyp wierzch dodatkowymi płatkami owsianymi dla dekoracji. Pozostaw ciasto na blasze do wyrośnięcia na około 15-20 minut, aż lekko wyrośnie. Piec w nagrzanym piekarniku przez 30-35 minut, aż chleb będzie złotobrązowy i będzie wydawał głuchy dźwięk przy postukiwaniu od spodu.

c) Wyjmij chleb owsiany z piekarnika i pozostaw go do ostygnięcia w formie na 10 minut, a następnie przełóż na kratkę, aby całkowicie ostygł. Gdy chleb ostygnie, pokrój go i podawaj według uznania. Ciesz się pożywnym i aromatycznym estońskim chlebem owsianym!

11. Martsipan (Marcepan)

SKŁADNIKI:
- 2 szklanki mąki migdałowej lub migdałów blanszowanych
- 2 szklanki cukru pudru
- ½ łyżeczki ekstraktu migdałowego
- ½ łyżeczki wody różanej, opcjonalnie
- Barwnik spożywczy (opcjonalnie)
- Cukier granulowany lub puder do posypania

INSTRUKCJE:
a) Jeśli używasz całych migdałów, blanszuj je, umieszczając je we wrzącej wodzie na kilka minut, następnie odcedź i usuń skórkę.
b) Pozwól im całkowicie wyschnąć. W robocie kuchennym wymieszaj mąkę migdałową lub migdały blanszowane z cukrem pudrem. Pulsuj, aż składniki dobrze się połączą, a mieszanina będzie miała delikatną konsystencję.
c) Do tej mieszaniny dodaj ekstrakt migdałowy i wodę różaną (jeśli używasz) i ponownie pulsuj, aż mieszanina zacznie się łączyć i utworzy konsystencję przypominającą ciasto. W razie potrzeby do tej mieszanki można dodać barwnik spożywczy, aby uzyskać pożądany kolor. Pulsuj, aż kolor zostanie równomiernie rozprowadzony.
d) Wyłóż masę marcepanową na czystą powierzchnię roboczą i ugniataj ją rękami, aż utworzy się gładka kula ciasta. Jeśli marcepan jest zbyt lepki, możesz posypać ręce i powierzchnię roboczą odrobiną cukru pudru lub cukru granulowanego, aby ułatwić obsługę.
e) Gdy marcepan będzie gładki i giętki, możesz nadać mu pożądany kształt. Można go wałkować i wycinać kształty, formować kulki lub formować różne dekoracje. Jeżeli nie zużyjesz marcepanu od razu, zawiń go szczelnie w folię i przechowuj w szczelnym pojemniku w lodówce do 2 tygodni.
f) Marcepanem można pokrywać ciasta, tworzyć dekoracyjne figury lub po prostu cieszyć się nim jako samodzielnym słodkim poczęstunkiem. Ciesz się domowym marcepanem!

12. Estońska Słodka Bułka (Saiake)

SKŁADNIKI:
CIASTO
- 1 funt mąki uniwersalnej
- 1 łyżeczka aktywnych suchych drożdży
- 3 ½ uncji cukier
- 1 szklanka mleka
- 3 ½ uncji masło, stopione
- 1 łyżeczka soli
- 1 łyżeczka kardamonu

POŻYWNY
- 3 ½ uncji masło, zmiękczone
- 3 ½ uncji cukier
- 1 łyżeczka ekstraktu waniliowego

GLAZURA
- 1 jajko, ubite
- Cukier perłowy do posypania (opcjonalnie)

INSTRUKCJE:
a) W odpowiedniej misce wymieszaj mąkę, drożdże, cukier, sól i kardamon. Mieszaj, aby dobrze wymieszać. W rondlu podgrzej mleko, aż będzie ciepłe, następnie dodaj roztopione masło.

b) Mieszaj do połączenia. W misie miksera dodaj mieszankę mleczną do suchych składników i mieszaj, aż powstanie miękkie ciasto.

c) Ciasto wyłóż na posypaną mąką powierzchnię i ugniataj przez około 5-7 minut, aż stanie się gładkie i elastyczne. Ciasto ponownie włożyć do miski miksującej, przykryć czystą ściereczką i odstawić do wyrośnięcia w ciepłym miejscu na około 1 godzinę, aż podwoi swoją objętość.

d) Rozgrzej piekarnik do 350°F i wyłóż blachę do pieczenia papierem pergaminowym. Wyrośnięte ciasto zagnieść i przełożyć na blat posypany mąką. Podziel go na małe kawałki i z każdego uformuj odpowiednią bułkę.

e) W odpowiedniej misce wymieszaj miękkie masło, cukier i ekstrakt waniliowy, aby przygotować nadzienie. Spłaszcz każdą bułkę palcami i umieść odpowiednią porcję nadzienia na środku każdej bułki. Złóż brzegi ciasta na nadzienie i zaciśnij je, tworząc bułkę w kształcie kuli. Napełnione bułki układamy na przygotowanej blaszce, zachowując odstępy między nimi. Posmaruj bułki roztrzepanym jajkiem i posyp cukrem perłowym (jeśli używasz).

f) Piecz bułeczki w nagrzanym piekarniku przez 15-20 minut, aż wierzch stanie się złotobrązowy. Wyjmij bułki z piekarnika i pozostaw je na kilka minut na blasze do pieczenia, a następnie przenieś je na metalową kratkę, aby całkowicie ostygły.

g) Gdy bułki ostygną, podawaj i ciesz się pysznymi estońskimi słodkimi bułeczkami!

13. Tradycyjny Estoński Chleb (Kama Leib)

SKŁADNIKI:

- 1 funt mąki żytniej
- 1 funt mąki pszennej
- 9 uncji proszek kama (estoński proszek z prażonego ziarna)
- 1 łyżka soli
- 1 łyżka cukru
- 1 łyżka aktywnych suchych drożdży
- 2 szklanki ciepłej wody

INSTRUKCJE:

a) W odpowiedniej misce wymieszaj mąkę żytnią, mąkę pszenną, proszek kama, sól, cukier i aktywne suche drożdże. Mieszaj, aby dobrze wymieszać. Stopniowo dodawaj ciepłą wodę do suchych składników cały czas miksując, aż powstanie ciasto. Być może trzeba będzie nieznacznie dostosować ilość wody, aby uzyskać odpowiednią konsystencję. Ciasto wyłóż na posypaną mąką powierzchnię i ugniataj przez około 5-7 minut, aż stanie się gładkie i elastyczne. Ciasto ponownie włożyć do miski miksującej, przykryć czystą ściereczką i odstawić do wyrośnięcia w ciepłym miejscu na około 1 godzinę, aż podwoi swoją objętość.

b) Rozgrzej piekarnik do 400°F i wyłóż blachę do pieczenia papierem pergaminowym. Wyrośnięte ciasto zagnieść i przełożyć na blat posypany mąką. Uformuj z niego bochenek i włóż do przygotowanej formy. Przykryj blachę do pieczenia czystą ściereczką i pozostaw ciasto do wyrośnięcia na kolejne 30 minut. Piec chleb kama w nagrzanym piekarniku przez 40-45 minut, aż będzie złocistobrązowy z wierzchu i głuchy odgłos przy postukaniu od spodu.

c) Wyjmij chleb z piekarnika i pozostaw go na kilka minut w formie do wystygnięcia, następnie przełóż go na kratkę do całkowitego wystygnięcia. Gdy chleb kama ostygnie, pokrój go i podawaj według uznania. Tradycyjnie podaje się go z masłem, serem lub innymi dodatkami.

14. Owsianka Jagodowa (Mustikapuder)

SKŁADNIKI:
- 1 szklanka świeżych lub mrożonych jagód
- 1 szklanka wody
- ½ szklanki płatków owsianych
- ½ szklanki mleka
- 2 łyżki cukru
- ¼ łyżeczki soli
- ½ łyżeczki ekstraktu waniliowego

INSTRUKCJE:
a) W odpowiednim rondlu wymieszaj jagody z wodą. Doprowadzić do wrzenia na średnim ogniu, a następnie zmniejszyć ogień do niskiego.
b) Gotuj na wolnym ogniu przez około 5-7 minut, aż jagody zmiękną i puszczą sok. Wymieszaj płatki owsiane, mleko, cukier, sól i ekstrakt waniliowy.
c) Gotuj na małym ogniu, często mieszając, przez około 5-7 minut, aż płatki wchłoną płyn, a owsianka zgęstnieje do pożądanej konsystencji. Zdjąć z ognia i przed podaniem pozostawić owsiankę do ostygnięcia na kilka minut.
d) Podawaj Mustikapuder na ciepło w miseczkach lub naczyniach deserowych. W razie potrzeby możesz udekorować dodatkowymi jagodami, odrobiną cukru lub kleksem bitej śmietany.
e) Ciesz się ciepłym i pocieszającym smakiem Mustikapuder, tradycyjnej estońskiej owsianki jagodowej.

15. Chleb Czarny Żytni (Rukkileib)

SKŁADNIKI:

- 2 szklanki mąki żytniej
- 2 szklanki mąki pełnoziarnistej
- ½ szklanki mąki uniwersalnej
- 2 ½ szklanki maślanki
- ½ szklanki melasy
- ¼ szklanki ciemnego syropu kukurydzianego
- 1 łyżeczka soli
- 1 łyżeczka sody oczyszczonej
- 2 łyżki kakao w proszku
- ½ szklanki nasion słonecznika, opcjonalnie

INSTRUKCJE:

a) W odpowiedniej misce wymieszaj mąkę żytnią, mąkę pełnoziarnistą i mąkę uniwersalną. W osobnej misce wymieszaj maślankę, melasę i ciemny syrop kukurydziany. Dobrze wymieszaj. Do suchych składników dodaj maślankę i mieszaj, aż powstanie gęste, lepkie ciasto. Przykryj miskę czystym ręcznikiem lub folią i pozostaw ją w temperaturze pokojowej na 12-24 godziny, aby ciasto mogło sfermentować i nabrać smaku.

b) Po okresie fermentacji, w temperaturze 350°F, rozgrzej piekarnik. Nasmaruj tłuszczem formę do pieczenia chleba o wymiarach 9 x 5 cali i odłóż na bok. Wymieszaj sól, sodę oczyszczoną i proszek kakaowy ze sfermentowanym ciastem, aż dobrze się połączą. Jeśli chcesz, na tym etapie dodaj nasiona słonecznika lub inne dodatki. Ciasto przełożyć do przygotowanej formy i wygładzić wierzch szpatułką.

c) Piec chleb w nagrzanym piekarniku przez 50-60 minut, aż wykałaczka wbita w środek będzie sucha. Wyjmij chleb z piekarnika i pozostaw go do ostygnięcia w formie na 10 minut, następnie przełóż go na kratkę do całkowitego wystygnięcia.

d) Gdy chleb całkowicie ostygnie, możesz go pokroić i cieszyć się domowym czarnym chlebem żytnim!

16. Estońska owsianka owsiana

SKŁADNIKI:
- 1 szklanka płatków owsianych
- 2 szklanki wody
- ¼ łyżeczki soli
- 2 szklanki mleka
- 1 łyżka masła
- Jagody, orzechy, nasiona, miód lub dżem do posypania

INSTRUKCJE:

a) W odpowiednim rondlu wymieszaj płatki owsiane, wodę i sól. Doprowadzić do wrzenia na średnim ogniu. Zmniejsz ogień do małego i gotuj na wolnym ogniu przez około 5 minut, od czasu do czasu mieszając, aż płatki wchłoną większość płynu i zmiękną.

b) Do rondla wlać mleko i dalej gotować na wolnym ogniu przez kolejne 5-7 minut, często mieszając, aż owsianka osiągnie pożądaną konsystencję. Jeżeli wyjdzie za gęste można dodać więcej mleka w celu dostosowania konsystencji. Zdejmij rondelek z ognia i mieszaj masło, aż się rozpuści.

c) Podawaj gorącą owsiankę w miskach i dodaj ulubione dodatki, takie jak jagody, orzechy, nasiona, miód lub dżem. Ciesz się ciepłą i pocieszającą estońską owsianką!

17. Tłuczone Jajka (Munavõi)

SKŁADNIKI:
- 4 jajka na twardo
- ½ szklanki niesolonego masła o temperaturze pokojowej
- ½ łyżeczki soli
- ¼ łyżeczki czarnego pieprzu
- Świeży szczypiorek, koperek lub natka pietruszki do dekoracji

INSTRUKCJE:
a) Jajka ugotowane na twardo obrać i pokroić na małe kawałki. W odpowiedniej misce wymieszaj miękkie masło, czarny pieprz i sól. Dobrze wymieszaj, aż się połączą. Wymieszaj posiekaną ugotowaną na twardo w misce mieszaninę masła.
b) Za pomocą widelca lub tłuczka do ziemniaków rozgnieć jajka i masło, aż uzyskasz kremową i dobrze połączoną masę. Posmakuj i dopraw, jeśli to konieczne, dodając więcej soli lub pieprzu.
c) Przełóż estońskie jajka na półmisek i udekoruj świeżym szczypiorkiem, koperkiem lub natką pietruszki, jeśli chcesz. Podawaj Munavõi jako pastę do chleba lub krakersów i ciesz się smakiem!

18.Kiełbasa Estońska (Eesti Vorst)

SKŁADNIKI:

- 1 funt mielonej wieprzowiny lub wołowiny
- ½ funta słoniny wieprzowej, pokrojonej w drobną kostkę
- 1 mała cebula, drobno posiekana
- 2 ząbki czosnku, posiekane
- 1 łyżeczka soli
- ½ łyżeczki czarnego pieprzu
- ½ łyżeczki zmielonego ziela angielskiego
- ½ łyżeczki mielonej kolendry
- ½ łyżeczki mielonej papryki
- ¼ łyżeczki mielonej gałki muszkatołowej
- ¼ łyżeczki mielonych goździków
- Osłonki naturalne do kiełbasy, do smaku
- Olej kuchenny, jeśli smażysz na patelni

INSTRUKCJE:
a) W odpowiedniej misce wymieszaj mieloną wieprzowinę lub wołowinę z pokrojoną w kostkę słoniną wieprzową, posiekaną cebulą, mielonym czosnkiem, solą, czarnym pieprzem, zielem angielskim, kolendrą, papryką, gałką muszkatołową i goździkami. Dobrze wymieszaj, aż wszystkie składniki dokładnie się połączą. Jeżeli używasz naturalnych osłonek do kiełbas, przygotuj je według wskazówek producenta.
b) Przed użyciem namocz je w ciepłej wodzie na około 30 minut, aby zmiękły. Nadziewaj mieszaniną mięsną osłonki kiełbasowe za pomocą nadziewarki do kiełbas lub rąk. Kiełbasy skręcać w regularnych odstępach czasu, tworząc ogniwa. Jeśli nie chcesz używać osłonek, możesz ręcznie uformować masę kiełbasianą w kotlety lub polana. Jeśli grillujesz, rozgrzej grill do średnio-wysokiej temperatury.
c) Grilluj kiełbaski przez około 10-12 minut, od czasu do czasu obracając, aż będą ugotowane i ładnie zarumienione na zewnątrz. Jeśli smażysz na patelni, rozgrzej patelnię na średnim ogniu i dodaj odrobinę oleju kuchennego. Smaż kiełbaski na patelni przez około 10-12 minut, od czasu do czasu obracając, aż będą ugotowane i będą miały złotobrązową skórkę. Po ugotowaniu przełóż estońskie kiełbaski na półmisek i odstaw na kilka minut przed podaniem. Podawaj estońskie kiełbaski na gorąco z ulubionymi dodatkami, takimi jak kiszona kapusta, ziemniaki lub porcja musztardy do maczania.

19. Estoński omlet

SKŁADNIKI:
- 4 duże jajka
- ¼ szklanki mleka
- ½ łyżeczki soli
- ¼ łyżeczki czarnego pieprzu
- 1 łyżka masła lub oleju jadalnego
- ½ szklanki startego sera (cheddar, szwajcarski lub gouda)
- ½ szklanki warzyw (papryka, cebula, grzyby lub pomidory), posiekanych
- Szczypiorek, natka pietruszki lub koperek do dekoracji

INSTRUKCJE:
a) W odpowiedniej misce wymieszaj jajka, mleko, czarny pieprz i sól, aż dobrze się połączą.
b) Rozgrzej patelnię z powłoką nieprzywierającą na średnim ogniu i rozpuść masło lub rozgrzej olej kuchenny. Na patelnię wrzucamy pokrojone warzywa i smażymy przez 2-3 minuty, aż lekko zmiękną.
c) Wlać mieszaninę jajek na warzywa na patelni i smażyć bez mieszania przez kilka minut, aż brzegi się zetną, a środek będzie nadal lekko drgający. Posyp równomiernie starty ser na omlecie.
d) Ostrożnie złóż omlet na pół za pomocą szpatułki, przykrywając nadzienie drugą połową omletu. Gotuj przez kolejne 1-2 minuty, aż ser się roztopi, a omlet będzie ugotowany.
e) Zsuń estoński omlet na talerz i udekoruj świeżymi ziołami, jeśli chcesz. Omlet pokroić w ćwiartki i podawać na gorąco jako pyszne i sycące danie na śniadanie lub brunch.

20.Kama Kottidega

SKŁADNIKI:
- 1 szklanka kamy (mieszanka prażonych ziaren)
- 1 szklanka jogurtu naturalnego
- ½ szklanki mieszanych jagód (borówki, maliny, truskawki)
- 2 łyżki miodu
- Świeże liście mięty do dekoracji (opcjonalnie)

INSTRUKCJE:
a) W odpowiedniej misce wymieszaj kamę i jogurt naturalny. Dobrze wymieszaj, aż powstanie gęsta, gładka mieszanina. Zmieszane jagody umyj i odsącz. Jeśli używasz truskawek, obierz je i pokrój na mniejsze kawałki.
b) Dodaj wymieszane jagody i miód do mieszanki kama -jogurt. Mieszaj delikatnie do połączenia. Spróbuj tej mieszanki i dostosuj słodkość do swoich preferencji, w razie potrzeby dodając miodu.
c) Za pomocą łyżki lub dłoni uformuj małe woreczki lub kulki z mieszaniną kama .
d) Można z nich formować małe kulki lub spłaszczać je w krążki. Ułóż saszetki kama na talerzu.
e) W razie potrzeby udekoruj świeżymi liśćmi mięty, aby uzyskać dodatkową nutę świeżości.
f) Podawaj schłodzone torebki kama jako zdrową i orzeźwiającą estońską przekąskę lub deser.

21.Naleśniki ziemniaczane

SKŁADNIKI:
- 5 ziemniaków białych, średnich, obranych
- 1 cebula, średnia
- 1 jajko
- 3 łyżki mąki
- Sól morska do smaku
- Czarny pieprz do smaku

INSTRUKCJE:
a) Zetrzyj ziemniaki w robocie kuchennym i dodaj kawałki do miski.
b) Dodać jajko, mąkę, czarny pieprz, sól i posiekaną cebulę. Dobrze wymieszaj za pomocą widelca, aż powstanie szorstkie ciasto.
c) Postaw żelazną patelnię na średnim ogniu i podgrzej olej kokosowy. Na patelnię włóż ¼ ciasta ziemniaczanego i wciśnij je w naleśnik.
d) Smaż przez 2-3 minuty, aż uzyskasz złoty kolor z obu stron. Kontynuuj robienie kolejnych naleśników, używając mieszanki ziemniaczanej. Podawać.

22. Estoński Omlet Warzywny (Juurviljaomlett)

SKŁADNIKI:
- 4 duże jajka
- ¼ szklanki mleka
- ½ szklanki startego sera (cheddar lub gouda)
- 1 mała cebula, drobno posiekana
- 1 mała marchewka, obrana i starta
- 1 mała cukinia, starta
- 1 mała papryka, drobno posiekana
- 2 łyżki masła
- Czarny pieprz do smaku
- Sól dla smaku
- Świeża natka pietruszki, do dekoracji

INSTRUKCJE:

a) W odpowiedniej misce wymieszaj jajka z mlekiem, aż dobrze się połączą. Wmieszać starty ser. Rozgrzej patelnię z powłoką nieprzywierającą na średnim ogniu i rozpuść masło.

b) Na patelni wmieszaj posiekaną cebulę, startą marchewkę, startą cukinię i posiekaną paprykę. Smaż przez 3-4 minuty, aż warzywa zmiękną. Wlać mieszaninę jajek na smażone warzywa na patelni.

c) Gotuj przez 4-5 minut, aż brzegi się zetną, a środek będzie lekko drgający. Za pomocą szpatułki delikatnie podnieś brzegi omletu i przechyl patelnię, aby surowe jajka wypłynęły pod spód.

d) Po całkowitym stężeniu ostrożnie obróć go za pomocą odpowiedniej szpatułki lub przewracając na talerz i wsuwając z powrotem na patelnię. Gotuj przez kolejne 2-3 minuty, aż omlet całkowicie się zetnie i stanie się lekko złocistobrązowy. Dopraw czarnym pieprzem i solą do smaku.

e) Zsuń omlet na talerz, pokrój go w kliny i udekoruj świeżą pietruszką, jeśli chcesz. Podawaj na gorąco i delektuj się pysznym estońskim omletem warzywnym!

23. Estońska Kasza Jęczmienna (Oderpuder)

SKŁADNIKI:

- 1 szklanka jęczmienia perłowego
- 4 szklanki wody lub bulionu (kurczak, warzywo lub wołowina)
- ½ łyżeczki soli
- 1 średnia cebula, drobno posiekana (opcjonalnie)
- 1 średnia marchewka, starta (opcjonalnie)
- 2 łyżki masła lub oleju jadalnego (opcjonalnie)
- Świeża natka pietruszki lub koperek do dekoracji (opcjonalnie)

INSTRUKCJE:

a) Kaszę perłową przepłucz pod zimną wodą na sitku o drobnych oczkach, aby usunąć wszelkie zanieczyszczenia. W odpowiednim rondlu wymieszaj przepłukaną kaszę perłową, wodę lub bulion i sól. Jeśli używasz, dodaj drobno posiekaną cebulę i startą marchewkę, aby uzyskać dodatkowy smak.

b) Postaw rondelek na średnim ogniu i zagotuj tę mieszaninę. Zmniejsz ogień do małego i gotuj jęczmień pod przykryciem przez około 30-40 minut, aż będzie miękki. Mieszaj od czasu do czasu, aby zapobiec przywarciu do dna patelni.

c) Jeśli używasz, dodaj masło lub olej kuchenny do ugotowanego jęczmienia i dobrze wymieszaj, aby połączyć. Posmakuj kaszy jęczmiennej i dopraw ją większą ilością soli lub innych przypraw, według własnych upodobań.

d) Zdejmij rondelek z ognia i odstaw kaszę jęczmienną na kilka minut, aby zgęstniała. Podawaj estońską owsiankę jęczmienną na gorąco w miseczkach, udekorowaną świeżą pietruszką lub koperkiem, jeśli chcesz.

e) Rozkoszuj się ciepłą i pocieszającą miską estońskiej owsianki jęczmiennej jako pyszne i sycące śniadanie lub satysfakcjonujący posiłek.

PRZEKĄSKI

24. Placuszki z bobu (Hõrgud Kõrtpoolakesed)

SKŁADNIKI:

- 1 szklanka bobu lub fasoli fava, łuskanej
- 1 mała cebula, drobno posiekana
- 2 ząbki czosnku, posiekane
- ½ szklanki mąki uniwersalnej
- ½ łyżeczki proszku do pieczenia
- 1 łyżeczka suszonych ziół (natka pietruszki, koperek lub tymianek)
- ½ łyżeczki soli
- ¼ łyżeczki czarnego pieprzu
- 1 duże jajko
- Olej do smażenia

INSTRUKCJE:

a) W odpowiedniej misce wymieszaj obrany bób, drobno posiekaną cebulę, przeciśnięty przez praskę czosnek, mąkę uniwersalną, proszek do pieczenia, suszone zioła, pieprz czarny i sól. Dobrze wymieszaj, aby połączyć. Do tej mieszanki dodaj jajko i mieszaj, aż składniki dobrze się połączą.

b) Rozgrzej około ½ cala oleju na patelni na średnim ogniu. Na gorący olej wrzucaj łyżką mieszankę bobu i lekko spłaszczaj grzbietem łyżki, tworząc placki. Smaż placki przez około 2-3 minuty z każdej strony, aż będą złocistobrązowe i chrupiące.

c) Za pomocą łyżki cedzakowej przenieś smażone placki na talerz wyłożony ręcznikiem papierowym, aby odsączyć nadmiar oleju. Powtórz proces z pozostałą mieszanką bobu, w razie potrzeby dodając na patelnię więcej oleju.

d) Podawaj gorące placki z bobu jako smaczną przystawkę, przekąskę lub dodatek. Rozkoszuj się chrupiącymi i aromatycznymi plackami z bobu z ulubionym sosem, takim jak sos jogurtowy, aioli lub kwaśna śmietana, jeśli masz na to ochotę.

25. Estońska przekąska z twarogu (Kohupiimakreem)

SKŁADNIKI:

- 2 szklanki twarogu lub twarogu
- ½ szklanki) cukru
- 1 łyżeczka ekstraktu waniliowego lub innego aromatu (opcjonalnie)
- Świeże owoce lub jagody (truskawki, jagody lub maliny) do posypania
- Świeże liście mięty do dekoracji (opcjonalnie)

INSTRUKCJE:

a) W odpowiedniej misce wymieszaj twarożek lub twaróg, cukier, ekstrakt waniliowy lub inne aromaty (jeśli używasz). Dobrze wymieszaj, aby połączyć.

b) Spróbuj tej mieszanki i dostosuj słodkość do swoich preferencji, dodając więcej cukru, jeśli to konieczne. Wlać mieszaninę twarogu do misek lub szklanek.

c) Schłodź przekąskę twarogową w lodówce przez co najmniej 1 godzinę, aby smaki się połączyły i mieszanina stwardniała.

d) Tuż przed podaniem posyp twarogową przekąskę świeżymi owocami lub jagodami według własnego uznania. W razie potrzeby udekoruj świeżymi liśćmi mięty, aby dodać świeżości i koloru. Podawaj schłodzoną estońską przekąskę z twarogu i ciesz się nią jako pysznym i orzeźwiającym deserem lub przekąską.

26.Estoński Semla (Vastlakukkel)

SKŁADNIKI:
KOK
- 2 filiżanki mąki uniwersalnej
- ¼ szklanki cukru granulowanego
- ½ łyżeczki soli
- 1 łyżeczka aktywnych suchych drożdży
- ½ szklanki mleka
- ¼ szklanki niesolonego masła, roztopionego
- 1 duże jajko
- 1 łyżeczka mielonego kardamonu
- Cukier puder, do posypania

NADZIENIE PASTY MIGDAŁOWEJ
- ½ szklanki mielonych migdałów
- ½ szklanki cukru pudru
- 1 łyżka niesolonego masła, zmiękczonego
- ½ łyżeczki ekstraktu migdałowego
- ¼ szklanki mleka

Nadzienie z bitej śmietany
- 1 szklanka gęstej śmietanki
- 2 łyżki cukru pudru
- 1 łyżeczka ekstraktu waniliowego

INSTRUKCJE:
KOK

a) W odpowiedniej misce wymieszaj cukier, mąkę, sól i aktywne suche drożdże. W odpowiednim rondlu podgrzej mleko, aż będzie ciepłe (około 43°C). Do suchych składników dodać ciepłe mleko, roztopione masło, jajko i zmielony kardamon. Dobrze wymieszaj, aby uformować ciasto. Wyłóż ciasto na posypaną mąką powierzchnię i ugniataj przez około 5-7 minut, aż ciasto będzie gładkie i elastyczne. Ciasto ponownie włożyć do miski miksującej, przykryć czystą ściereczką i odstawić w ciepłe miejsce na około 1 godzinę, aż podwoi swoją objętość.

b) Rozgrzej piekarnik do 350°F i wyłóż blachę do pieczenia papierem pergaminowym. Wyrośnięte ciasto zagnieść i podzielić na 10-12 równych części. Z każdej porcji uformuj odpowiednią okrągłą bułkę i połóż ją na przygotowanej blasze do pieczenia. Piecz bułki w nagrzanym piekarniku przez 12-15 minut, aż wierzch będzie złotobrązowy. Wyjmij bułki z piekarnika i pozostaw je do całkowitego ostygnięcia na metalowej kratce.

NADZIENIE PASTY MIGDAŁOWEJ
c) W odpowiedniej misce wymieszaj zmielone migdały, cukier puder, miękkie masło i ekstrakt migdałowy. Dobrze wymieszaj, aż powstanie gęsta pasta. W razie potrzeby stopniowo dodawaj mleko, aż pasta migdałowa osiągnie konsystencję nadającą się do smarowania.

Nadzienie z bitej śmietany
d) W osobnej misce ubij śmietankę, cukier puder i ekstrakt waniliowy, aż masa będzie sztywna.
e) całkowitym wystygnięciu bułek odetnij górę każdej bułki i odłóż ją na bok. Wydrąż odpowiednią część środka bułki, tworząc wgłębienie.
f) Nadzienie: Wypełnij ubytek łyżką nadzienia z pasty migdałowej.
g) Wyciśnij lub łyżką dużą ilość bitej śmietany na wierzch nadzienia z pasty migdałowej.
h) Połóż zarezerwowane wierzchołki bułek z powrotem na bitej śmietanie. Dla dekoracji posyp bułki cukrem pudrem z wierzchu.

27.Estońska kanapka ze szprotem (Sprotivõileib)

SKŁADNIKI:
- 4 kromki chleba żytniego lub innego chleba
- 4 szproty z puszki w oleju
- 2 łyżki miękkiego masła
- 1 czerwona cebula, pokrojona w cienkie plasterki
- 1 łyżka świeżego koperku, posiekanego
- Kawałki cytryny do podania

INSTRUKCJE:
a) Podpiecz lub lekko posmaruj kromki chleba masłem. Odcedzić szproty z puszki, zachowując olej. Na każdą kromkę chleba posmaruj cienką warstwą miękkiego masła.
b) Ułóż kilka szprotek na posmarowanych masłem kromkach chleba, pamiętając o pozostawieniu odstępu między rybami. Posyp szproty cienko pokrojoną czerwoną cebulą i posyp posiekanym świeżym koperkiem.
c) Aby dodać smaku, skrop z wierzchu odrobiną oleju pozostałego ze szprotek z puszki. Podawaj kanapki ze szprotami z kawałkami cytryny na boku, aby wycisnąć je na wierzch przed jedzeniem.
d) Delektuj się estońskimi kanapkami ze szprotem jako smaczną i satysfakcjonującą przekąską lub przystawką!

28. Pasztet drobiowy

SKŁADNIKI:
- 1 funt piersi lub udek z kurczaka bez kości i skóry
- 1 średnia cebula, drobno posiekana
- 2 ząbki czosnku, posiekane
- 3 ½ uncji masło, zmiękczone
- 2 łyżki mąki uniwersalnej
- ½ szklanki bulionu z kurczaka
- ½ szklanki gęstej śmietanki
- Czarny pieprz do smaku
- Sól dla smaku
- Świeże zioła (pietruszka lub tymianek) do dekoracji

INSTRUKCJE:
a) Rozgrzej piekarnik w temperaturze 350°F. W odpowiednim rondlu rozpuść 1 uncję. masła na średnim ogniu. Dodaj posiekaną cebulę i posiekany czosnek i smaż, aż zmiękną, około 3-4 minuty. Włóż kawałki kurczaka do rondla i gotuj, aż przestaną być różowe, około 5-6 minut.
b) Zdejmij rondelek z ognia i poczekaj, aż mieszanina kurczaka lekko ostygnie.
c) Gdy mieszanina kurczaka ostygnie, przenieś ją do robota kuchennego lub blendera. Włóż miękkie masło i mąkę do robota kuchennego lub blendera i zmiksuj na gładką masę. Włóż mieszaninę kurczaka do rondla i umieść ją z powrotem na kuchence na średnim ogniu.
d) Stopniowo dodawaj bulion z kurczaka i gęstą śmietanę, cały czas mieszając, aby uniknąć grudek. Gotuj tę mieszaninę, często mieszając, aż zgęstnieje, około 5 minut. Obficie dopraw pasztet z kurczaka czarnym pieprzem i solą do smaku. Pasztet z kurczaka wlać do natłuszczonej formy do pieczenia lub pojedynczych kokilek.
e) Piec w nagrzanym piekarniku przez 20-25 minut, aż wierzch będzie lekko złocisty, a pasztet się stwardnieje. Wyjmij z piekarnika i pozostaw do ostygnięcia do temperatury pokojowej.
f) Po ostudzeniu przykryć folią spożywczą i wstawić do lodówki na co najmniej 2-3 godziny, aż pasztet stwardnieje. Przed podaniem udekoruj świeżymi ziołami, takimi jak pietruszka lub tymianek, jeśli chcesz.
g) Podawaj estoński pasztet z kurczaka z krakersami, pieczywem lub tostami jako przystawkę lub przekąskę. Ciesz się domowym estońskim pasztetem z kurczaka!

29. Chipsy Ziemniaczane (Kartulikrõpsud)

SKŁADNIKI:
- 4 średnie ziemniaki
- Sól dla smaku
- Olej spożywczy, do smażenia

INSTRUKCJE:
a) Umyj i obierz ziemniaki. Używając ostrego noża lub krajalnicy mandoliny , pokrój ziemniaki w jednolite krążki. Plasterki ziemniaków włóż do odpowiedniej miski z zimną wodą i pozostaw do namoczenia na około 10 minut, aby usunąć nadmiar skrobi. Odcedź plastry ziemniaków i osusz je czystym ręcznikiem kuchennym lub ręcznikami papierowymi.
b) Na głębokiej patelni lub we frytkownicy rozgrzej olej kuchenny do temperatury około 180°C (350°F). Ostrożnie wrzucaj plasterki ziemniaków na gorący olej małymi porcjami, nie przepełniając patelni.
c) Smaż plastry ziemniaków, aż będą złocistobrązowe i chrupiące, od czasu do czasu obracając, aby zapewnić równomierne smażenie. Za pomocą łyżki cedzakowej wyjmij smażone chipsy ziemniaczane z oleju i połóż je na ręcznikach papierowych, aby odsączyć nadmiar oleju. Natychmiast obficie dopraw gorące chipsy ziemniaczane solą, gdy są jeszcze tłuste, aby mieć pewność, że sól przylgnie do chipsów. Powtórz proces smażenia z pozostałymi plasterkami ziemniaków.
d) Przed podaniem poczekaj, aż chipsy ziemniaczane całkowicie ostygną. Przechowuj estońskie chipsy ziemniaczane w szczelnym pojemniku, aby zachować ich chrupkość.

30.Krążki Cebulowe (Sibulakrõpsud)

SKŁADNIKI:
- 2 duże cebule
- 1 Mąkę o wszechstronnym przeznaczeniu
- 1 łyżeczka proszku do pieczenia
- ½ łyżeczki soli
- ¼ łyżeczki czarnego pieprzu
- ¼ łyżeczki papryki
- ¼ łyżeczki czosnku w proszku
- ¼ łyżeczki proszku cebulowego
- ½ szklanki zimnej wody
- Olej spożywczy, do smażenia

INSTRUKCJE:

a) Obierz cebulę i pokrój ją w cienkie plasterki, oddzielając pierścienie. W odpowiedniej misce wymieszaj mąkę, proszek do pieczenia, sól, czarny pieprz, paprykę, czosnek w proszku i cebulę w proszku.

b) Stopniowo dodawaj zimną wodę do suchych składników, ubijając, aż powstanie gładkie ciasto . Na głębokiej patelni lub we frytkownicy rozgrzej olej kuchenny do temperatury około 180°C (350°F).

c) Zanurzaj krążki cebuli w przygotowanym cieście, pozwalając, aby nadmiar ciasta odciekł i ostrożnie wrzucaj je po kilka na gorący olej.

d) Smaż krążki cebuli, aż będą złocistobrązowe i chrupiące, od czasu do czasu obracając, aby zapewnić równomierne smażenie. Za pomocą łyżki cedzakowej wyjmij podsmażone krążki cebuli z oleju i połóż je na ręcznikach papierowych, aby odsączyć nadmiar oleju.

e) Powtórz proces smażenia z pozostałymi krążkami cebuli. Przed podaniem poczekaj, aż estońskie krążki cebuli nieco ostygną. Podawaj krążki cebuli jako pyszną i chrupiącą przekąskę lub przystawkę.

31.Przekąska z Prażonego Ziarna (Kama)

SKŁADNIKI:
- 1 szklanka mąki pełnoziarnistej
- 1 szklanka mąki żytniej
- ½ szklanki mąki jęczmiennej
- ½ szklanki mąki owsianej
- ½ szklanki mąki gryczanej
- ½ szklanki mąki lnianej
- ½ szklanki cukru pudru
- ½ szklanki kakao w proszku
- ½ łyżeczki soli
- ½ szklanki roztopionego, niesolonego masła
- ½ szklanki miodu

INSTRUKCJE:

a) Rozgrzej piekarnik do 350°F i wyłóż blachę do pieczenia papierem pergaminowym. W odpowiedniej misce wymieszaj mąkę pełnoziarnistą, mąkę żytnią, mąkę jęczmienną, mąkę owsianą, mąkę gryczaną, siemię lniane, cukier puder, kakao w proszku i sól.

b) Do suchych składników dodać roztopione masło i miód i dobrze wymieszać, aż powstanie kruszonka. Rozłóż ciasto równomiernie na przygotowanej blasze i dociśnij szpatułką lub rękami, aby je ubić.

c) Piec ciasto w nagrzanym piekarniku przez 20-25 minut, aż uzyska lekko złocisty kolor. Wyjmij upieczone ciasto z piekarnika i pozostaw do całkowitego wystygnięcia na blasze. Po ostygnięciu upieczone ciasto połamać na małe kawałki lub pokruszyć do odpowiedniej miski, aby uzyskać chrupiącą i pożywną estońską przekąskę z prażonego ziarna.

d) Podawaj przekąskę kama jako smaczną i zdrową przekąskę, idealną do samodzielnego spożycia lub jako dodatek do jogurtu, owsianki lub innych deserów.

32.Chipsy z dzikiego czosnku (Karulauguviilud)

SKŁADNIKI:
- 1 pęczek liści dzikiego czosnku
- 1 Mąkę o wszechstronnym przeznaczeniu
- ½ łyżeczki soli
- ¼ łyżeczki czarnego pieprzu
- ¼ łyżeczki papryki
- ¼ łyżeczki czosnku w proszku
- ¼ łyżeczki proszku cebulowego
- ½ szklanki zimnej wody
- Olej roślinny, do smażenia

INSTRUKCJE:
a) Dokładnie umyj i osusz liście czosnku dzikiego, a następnie odetnij twarde łodygi. W odpowiedniej misce wymieszaj mąkę, sól, czarny pieprz, paprykę, czosnek w proszku i cebulę w proszku. Stopniowo dodawaj zimną wodę do suchych składników, ciągle mieszając, aż powstanie gęste ciasto . Rozgrzej olej roślinny na głębokiej patelni lub we frytownicy do temperatury około 350°F (180°C).
b) Zanurzaj każdy liść dzikiego czosnku w przygotowanym cieście, równomiernie pokrywając go z obu stron. Ostrożnie włóż powlekane liście czosnku dzikiego do gorącego oleju, smaż je partiami przez około 1-2 minuty z każdej strony, aż staną się złocistobrązowe i chrupiące. Za pomocą łyżki cedzakowej lub sitka z drucianej siatki przenieś smażone chipsy z dzikiego czosnku na talerz wyłożony ręcznikiem papierowym, aby odsączyć nadmiar oleju. Powtórz proces smażenia z pozostałymi liśćmi dzikiego czosnku i ciastem.
c) Po usmażeniu i odcedzeniu wszystkich chipsów z dzikiego czosnku należy je lekko ostudzić, a następnie podać jako pyszną estońską przekąskę z dzikim czosnkiem. Ciesz się chrupiącymi i aromatycznymi chipsami z dzikiego czosnku samodzielnie lub jako wyjątkowy i smaczny dodatek do innych potraw.

33. Konserwy Mięsne Z Łosia (Põdralihakonserv)

SKŁADNIKI:
- 1 funt mięsa z łosia (można zastąpić wołowiną lub dziczyzną)
- 1 cebula, drobno posiekana
- 2 ząbki czosnku, posiekane
- 2 łyżki oleju roślinnego
- 1 łyżka mąki uniwersalnej
- 1 łyżka koncentratu pomidorowego
- 1 liść laurowy
- 1 łyżeczka soli
- ½ łyżeczki czarnego pieprzu
- ½ łyżeczki papryki
- ¼ łyżeczki zmielonego ziela angielskiego
- ¼ łyżeczki mielonej gałki muszkatołowej
- 1 szklanka bulionu wołowego lub warzywnego
- ½ szklanki czerwonego wina (opcjonalnie)

INSTRUKCJE:
a) Mięso z łosia pokroić w drobną kostkę, doprawić czarnym pieprzem i solą. Podgrzej olej roślinny w odpowiednim garnku lub holenderskim piekarniku na średnim ogniu. Wmieszaj mięso łosia i smaż ze wszystkich stron, aż się zarumieni. Wyjmij mięso z garnka i odłóż na bok. W tym samym garnku podsmaż posiekaną cebulę i posiekany czosnek. Smażyć, aż zmięknie i lekko się zarumieni. Dodaj mąkę i koncentrat pomidorowy i smaż przez 1-2 minuty, aż składniki dobrze się połączą.
b) Stopniowo dodawaj bulion wołowy lub warzywny i czerwone wino (jeśli używasz), cały czas mieszając, aby uniknąć grudek. Do garnka wmieszaj liść laurowy, paprykę, ziele angielskie, gałkę muszkatołową i podsmażone mięso łosia. Mieszaj do połączenia.
c) Doprowadź tę mieszaninę do wrzenia, następnie zmniejsz ogień do małego i gotuj na wolnym ogniu przez około 1-2 godziny, aż mięso łosia będzie miękkie i łatwo się rozpadnie. Posmakuj i dopraw, jeśli to konieczne, dodając dodatkowy czarny pieprz i sól. Gdy mięso będzie ugotowane i miękkie, usuń liść laurowy i wyrzuć. Pozostaw mięso łosia w puszkach do ostygnięcia do temperatury pokojowej.

d) Przenieś mięso i sos do czystych, wysterylizowanych słoików, pozostawiając około ½ cala wolnej przestrzeni na górze. Słoiki zamykamy pokrywkami i przetwarzamy w puszce ciśnieniowej zgodnie z instrukcją producenta dotyczącą produktów mięsnych.

e) Poczekaj, aż słoiki całkowicie ostygną, a następnie przechowuj je w chłodnym, ciemnym miejscu w celu długotrwałego przechowywania. Konserwowe mięso łosia można wykorzystać jako pyszne i wygodne źródło białka do kanapek, gulaszu, zup lub innych przepisów.

34. Estońskie plastry śledzia (Kiluviilud)

SKŁADNIKI:
- 6 filetów śledziowych pozbawionych kości i pokrojonych w cienkie plasterki
- 1 czerwona cebula, pokrojona w cienkie plasterki
- 1 ogórek, pokrojony w cienkie plasterki
- Świeży koperek, posiekany
- Plasterki cytryny do dekoracji (opcjonalnie)

MARYNATA
- ½ szklanki białego octu
- ½ szklanki wody
- ¼ szklanki) cukru
- ½ łyżeczki soli
- ¼ łyżeczki czarnego pieprzu
- 4-5 całych jagód ziela angielskiego
- 4-5 całych goździków

INSTRUKCJE:
a) W rondlu wymieszaj biały ocet, wodę, cukier, sól, czarny pieprz, ziele angielskie i goździki.
b) Doprowadzić mieszaninę do wrzenia, następnie zmniejszyć ogień do małego i gotować na wolnym ogniu przez około 5 minut, mieszając od czasu do czasu, aby rozpuścić cukier i sól. Zdejmij z ognia i poczekaj, aż marynata całkowicie ostygnie.
c) Gdy marynata ostygnie, w czystym, wysterylizowanym szklanym słoju ułóż plasterki śledzia, plasterki czerwonej cebuli i plasterki ogórka, układając je naprzemiennie.
d) Ostudzoną marynatą polej plastry śledzia w słoiku, upewniając się, że plastry są całkowicie zanurzone w marynacie. Dodaj posiekany świeży koperek na plasterki śledzia w słoiku.
e) Zamknij słoik szczelną pokrywką i wstaw do lodówki na co najmniej 24 godziny, a najlepiej na 2-3 dni, aby smaki się przegryzły, a śledź w pełni się zamarynował.
f) Podawaj plasterki śledzia schłodzone, udekorowane plasterkami cytryny, jeśli chcesz. Można je spożywać jako pyszną i tradycyjną estońską przystawkę lub przekąskę.

35. Estońskie Paluszki Chlebowe (Leivasnäkid)

SKŁADNIKI:
- 2 filiżanki mąki uniwersalnej
- ½ łyżeczki soli
- ½ łyżeczki cukru
- 1 łyżeczka aktywnych suchych drożdży
- 2 łyżki oleju roślinnego
- ½ szklanki letniej wody
- Nasiona sezamu lub maku do posypania (opcjonalnie)

INSTRUKCJE:
a) W odpowiedniej misce wymieszaj mąkę, sól, cukier i drożdże. Do suchych składników dodaj olej roślinny i letnią wodę i mieszaj, aż powstanie ciasto. Ciasto wyrabiamy na posypanym mąką blacie przez około 5 minut, aż stanie się gładkie i elastyczne.
b) Ciasto ponownie włożyć do miski miksującej, przykryć czystą ściereczką i odstawić w ciepłe miejsce na około 1 godzinę, aż podwoi swoją objętość.
c) Rozgrzej piekarnik do 350°F i wyłóż blachę do pieczenia papierem pergaminowym. Wyrośnięte ciasto zagnieść i przenieść na posypaną mąką powierzchnię. Podziel ciasto na małe kawałki i zwiń każdy kawałek w cienki sznurek lub patyczek. Umieść te sznurki ciasta na przygotowanej blasze do pieczenia, pozostawiając między nimi trochę odstępu.
d) Jeśli chcesz, możesz posypać paluszki chlebowe sezamem lub makiem, aby dodać smaku i chrupkości. Piecz paluszki chlebowe w nagrzanym piekarniku przez około 15-20 minut, aż będą złotobrązowe i chrupiące. Wyjmij paluszki chlebowe z piekarnika i przed podaniem pozostaw je na blasze do ostygnięcia.

36.Estońskie Pikle (Hapukurk)

SKŁADNIKI:

- 2 funty. kiszenie ogórków
- 3 ząbki czosnku, obrane
- 3 gałązki koperku
- 1 łyżka całych ziaren czarnego pieprzu
- 1 łyżka soli
- 1 łyżka cukru
- 4 szklanki wody
- 1 szklanka octu (białego lub jabłkowego)

INSTRUKCJE:

a) Dokładnie umyj ogórki kiszone i usuń brud i zanieczyszczenia. Umieść ogórki w czystym szklanym słoju lub pojemniku razem z obranymi ząbkami czosnku, gałązkami koperku i ziarnami czarnego pieprzu. W rondelku wymieszaj wodę, sól, cukier i ocet.

b) Doprowadzić tę mieszaninę do wrzenia, a następnie zdjąć ją z ognia. Ostrożnie zalej ogórki w słoiku gorącą mieszanką octu, całkowicie je przykrywając.

c) Umieść czystą pokrywkę lub plastikową folię na słoiku i pozostaw do ostygnięcia do temperatury pokojowej.

d) Gdy solanka ostygnie, szczelnie zamknij słoik i wstaw do lodówki na co najmniej 24 godziny przed podaniem.

e) Marynowane w solance pikle będą nadal nabierać smaku, więc im dłużej będą stać, tym będą bardziej aromatyczne.

f) Delektuj się domowymi estońskimi piklami jako pikantną i chrupiącą przekąską lub jako dodatek do ulubionego estońskiego posiłku.

37.Kohuke

SKŁADNIKI:
- 1 szklanka sera twarogowego
- 2 łyżki miodu
- 1 łyżeczka ekstraktu waniliowego
- ½ szklanki pokruszonych krakersów trawiennych lub graham
- ¼ szklanki wiórków kokosowych lub posiekanych orzechów (opcjonalnie)

INSTRUKCJE:
a) W odpowiedniej misce wymieszaj ser twarogowy, miód i ekstrakt waniliowy. Dobrze wymieszaj, aby połączyć składniki. Do mieszanki twarogowej dodaj pokruszone krakersy trawienne lub graham. Mieszaj do połączenia.
b) Spróbuj tej mieszanki i w razie potrzeby dostosuj słodycz, dodając dodatkowy miód. Jeśli używasz wiórków kokosowych lub posiekanych orzechów, wymieszaj je z mieszaniną twarogu. Za pomocą łyżki lub dłoni uformuj masę twarogową w małe kulki lub paszteciki. Połóż przekąski z twarogu na talerzu lub tacy i wstaw do lodówki na co najmniej 1 godzinę, aby stwardniały.
c) Po schłodzeniu estońskie przekąski z twarogu, zwane kohukesed, są gotowe do podania jako pyszna i zdrowa przekąska.

38. Bułeczki z szynką i serem

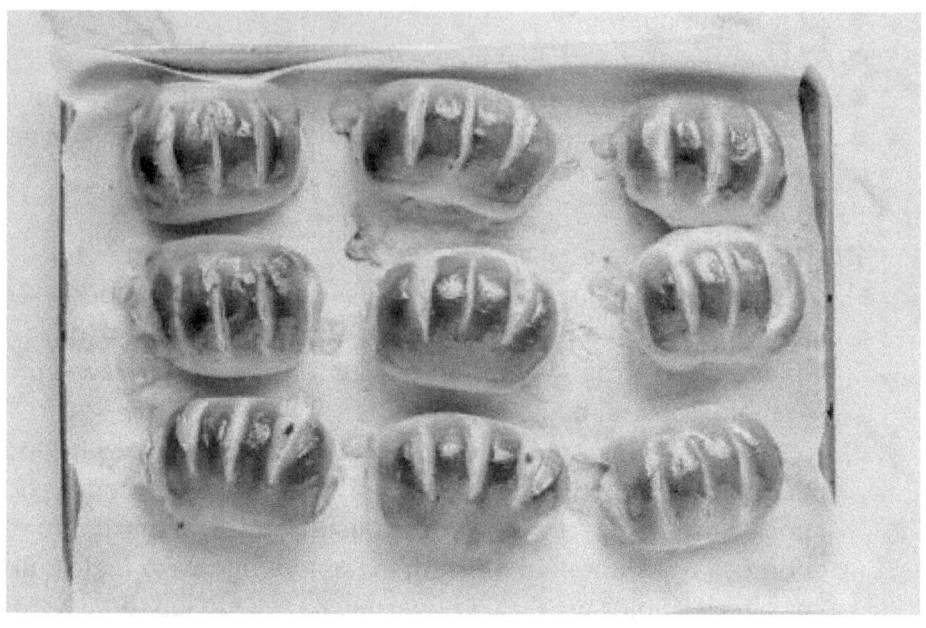

SKŁADNIKI:
CIASTO
- 2 filiżanki mąki uniwersalnej
- 1 łyżeczka aktywnych suchych drożdży
- 1 łyżeczka soli
- 2 łyżki cukru
- ½ szklanki mleka
- ½ szklanki wody
- ¼ szklanki roztopionego masła
- 1 duże jajko

POŻYWNY
- ½ funta plasterków szynki
- ½ funta plasterków sera (takiego jak Gouda lub Swiss)
- ¼ szklanki majonezu
- 1 łyżka musztardy Dijon
- 1 łyżka świeżej natki pietruszki, posiekanej (opcjonalnie)

INSTRUKCJE:
a) W odpowiedniej misce wymieszaj mąkę, drożdże, sól i cukier. W rondlu podgrzej mleko i wodę, aż osiągnie temperaturę około 43°C. Do suchych składników dodaj ciepłe mleko, roztopione masło i jajko. Mieszaj, aż powstanie ciasto. Ciasto wyłóż na posypaną mąką powierzchnię i ugniataj przez 5-7 minut, aż będzie gładkie i elastyczne.

b) Ciasto ponownie włożyć do miski miksującej i przykryć czystą ściereczką. Odstawić do wyrośnięcia w ciepłe miejsce bez przeciągów na 1 godzinę, aż podwoi swoją objętość. W międzyczasie przygotuj nadzienie, łącząc w odpowiedniej misce majonez, musztardę Dijon i posiekaną natkę pietruszki (jeśli używasz).

c) Rozgrzej piekarnik do temperatury 375°F i natłuść blachę do pieczenia. Gdy ciasto wyrośnie, ugniatamy je i wykładamy na blat posypany mąką. Rozwałkuj ciasto na odpowiedni prostokąt o grubości około ¼ cala.

d) Rozłóż równomiernie mieszaninę majonezu i musztardy na cieście, pozostawiając około ½-calowego marginesu wokół krawędzi. Na nadzieniu ułóż plasterki szynki i plasterki sera. Zwiń ciasto ciasno, zaczynając od dłuższego boku, w kształt wafla. Pokrój kłodę na 1-calowe plasterki za pomocą ostrego noża lub kawałka nici dentystycznej.

e) Ułóż plastry na przygotowanej blasze do pieczenia i posmaruj wierzch roztopionym masłem.

f) Piec w nagrzanym piekarniku przez 20-25 minut, aż bułki staną się złotobrązowe, a ser roztopiony i zarumieniony. Wyjmij z piekarnika i przed podaniem pozwól bułkom lekko ostygnąć.

39. Estońskie Kulki Ziemniaczane (Kartulipallid)

SKŁADNIKI:
- 4 średnie ziemniaki, obrane i ugotowane do miękkości
- 1 mała cebula, drobno posiekana
- 2 jajka
- ½ szklanki mąki uniwersalnej
- ½ łyżeczki soli
- ¼ łyżeczki czarnego pieprzu
- Olej spożywczy, do smażenia

INSTRUKCJE:
a) W odpowiedniej misce rozgnieć ugotowane ziemniaki za pomocą tłuczka do ziemniaków lub widelca, aż będą gładkie. Do puree ziemniaczanego dodać posiekaną cebulę, jajka, mąkę, czarny pieprz i sól.
b) Dobrze wymieszaj, aż uzyskasz gęstą konsystencję przypominającą ciasto. Na patelni lub we frytownicy rozgrzej wystarczającą ilość oleju jadalnego, aby przykryła dno patelni lub osiągnęła głębokość około ½ cala.
c) wrzucaj łyżką masę ziemniaczaną, formując małe kulki. Lekko spłaszcz grzbietem łyżki, aby uzyskać okrągły kształt. Smaż kulki ziemniaczane na średnim ogniu przez około 3-4 minuty z każdej strony, aż będą złocistobrązowe i chrupiące.
d) Wyjmij kulki ziemniaczane z oleju i połóż je na ręcznikach papierowych, aby odsączyć nadmiar oleju. Podawaj Kartulipallid na gorąco jako dodatek, przystawkę lub przekąskę.
e) je podawać z kwaśną śmietaną, ketchupem lub dowolnym sosem do maczania.

40.Estońskie plasterki marchewki

SKŁADNIKI:
- 2 duże marchewki, obrane i pokrojone w cienkie krążki
- ½ szklanki kwaśnej śmietany
- 1 łyżka świeżego koperku, posiekanego
- 1 łyżka świeżej natki pietruszki, posiekanej
- Czarny pieprz do smaku
- Sól dla smaku

INSTRUKCJE:
a) Napełnij garnek wodą i zagotuj. Do wrzącej wody dodać szczyptę soli. Wrzuć pokrojone marchewki do wrzącej wody i gotuj przez 2-3 minuty, aż będą miękkie.
b) Marchewkę odcedź i opłucz zimną wodą, aby zatrzymać proces gotowania. Pozwól im całkowicie ostygnąć.
c) W odpowiedniej misce wymieszaj śmietanę, posiekany koperek, posiekaną natkę pietruszki, sól i pieprz. Dobrze wymieszaj, aby połączyć. Połóż schłodzone plasterki marchewki na półmisku.
d) Skropić mieszaniną kwaśnej śmietany plasterki marchewki, równomiernie je przykrywając.
e) W razie potrzeby udekoruj dodatkowo posiekanym koperkiem i natką pietruszki.
f) Podawaj estońskie plasterki marchewki z kwaśną śmietaną jako orzeźwiającą i zdrową przekąskę lub dodatek.

41. Grzyby marynowane

SKŁADNIKI:

- 1 funt świeżych grzybów, oczyszczonych i przekrojonych na pół
- 1 mała cebula, pokrojona w cienkie plasterki
- 2 ząbki czosnku, posiekane
- ½ szklanki białego octu winnego
- ½ szklanki wody
- ¼ szklanki cukru granulowanego
- 1 łyżeczka soli
- 1 łyżeczka całych ziaren czarnego pieprzu
- 1 liść laurowy
- Świeży koperek, do dekoracji

INSTRUKCJE:

a) W odpowiednim rondlu wymieszaj ocet winny z białego wina, wodę, cukier, sól, całe ziarna czarnego pieprzu i liść laurowy. Doprowadzić tę mieszaninę do wrzenia na średnim ogniu, mieszając, aby rozpuścić cukier i sól. Do gotującego się płynu wrzucamy pokrojoną cebulę i posiekany czosnek.

b) Zmniejsz ogień do małego i gotuj przez 5 minut, aż cebula lekko zmięknie. Do rondla wrzucamy oczyszczone i przekrojone na połówki lub ćwiartki grzyby. Delikatnie mieszaj, aby grzyby zanurzyły się w marynacie.

c) Gotuj grzyby w marynacie przez 10-15 minut, aż lekko zmiękną, ale nadal będą twarde. Zdejmij rondelek z ognia i pozwól marynowanym grzybom ostygnąć do temperatury pokojowej. Po ostudzeniu marynowane grzyby i marynatę przełożyć do czystego, szczelnego pojemnika.

d) Przykryj i wstaw do lodówki na co najmniej 24 godziny, aby smaki się połączyły i rozwinęły. Gdy będzie gotowy do podania, odcedź marynowane grzyby z marynaty i przełóż je na półmisek.

e) Przed podaniem udekoruj świeżym koperkiem.

SAŁATKI

42.Estońska sałatka ziemniaczana

SKŁADNIKI:

- 4 duże ziemniaki, obrane i pokrojone w kostkę
- 3 jajka na twardo, posiekane
- ½ szklanki pikli, drobno posiekanych
- ¼ szklanki czerwonej cebuli, drobno posiekanej
- ½ szklanki majonezu
- 1 łyżka musztardy Dijon
- 1 łyżka białego octu
- ½ łyżeczki soli
- ¼ łyżeczki czarnego pieprzu
- Świeży koperek lub natka pietruszki do dekoracji (opcjonalnie)

INSTRUKCJE:

a) Pokrojone w kostkę ziemniaki włożyć do garnka z osoloną wodą i doprowadzić do wrzenia. Gotuj, aż ziemniaki będą miękkie jak widelec, około 10-15 minut.

b) Odcedź i pozwól im ostygnąć do temperatury pokojowej. W odpowiedniej misce wymieszaj ugotowane ziemniaki, posiekane jajka na twardo, pikle i czerwoną cebulę. W odpowiedniej misce wymieszaj majonez, musztardę Dijon, biały ocet, czarny pieprz i sól, aby przygotować dressing. Polej sosem mieszaninę ziemniaków i delikatnie wymieszaj, aż wszystkie składniki zostaną dobrze pokryte dressingiem.

c) Posmakuj i dopraw według potrzeby czarnym pieprzem i solą. Przykryj miskę i wstaw do lodówki na co najmniej 1 godzinę, aby smaki się połączyły. Gotowe do podania udekoruj świeżym koperkiem lub natką pietruszki, jeśli chcesz.

d) Podawać schłodzone jako dodatek do drugiego dania lub jako część bufetu szwedzkiego na spotkania. Rozkoszuj się domową estońską sałatką ziemniaczaną, klasycznym i pysznym daniem z Estonii!

43. Sałatka Z Buraków (Punasepeedisalat)

SKŁADNIKI:
- 3 średnie buraki, ugotowane, obrane i starte
- 1 mała czerwona cebula, drobno posiekana
- ½ szklanki pikli, drobno posiekanych
- ½ szklanki groszku konserwowego, odsączonego
- 2 łyżki białego octu
- 2 łyżki oleju roślinnego
- 1 łyżeczka cukru
- ½ łyżeczki soli
- ¼ łyżeczki czarnego pieprzu

INSTRUKCJE:
a) W odpowiedniej misce wymieszaj starte gotowane buraki, posiekaną czerwoną cebulę, pikle i groszek konserwowy. W odpowiedniej misce wymieszaj biały ocet, olej roślinny, cukier, czarny pieprz i sól, aby przygotować winegret.
b) Polej winegretem mieszaninę buraków i delikatnie wymieszaj, aż wszystkie składniki zostaną dobrze pokryte sosem.
c) Posmakuj i dopraw według potrzeby solą, cukrem i czarnym pieprzem.
d) Przykryj miskę i wstaw do lodówki na co najmniej 1 godzinę, aby smaki się połączyły. Gdy sałatka będzie gotowa do podania, po raz ostatni ją wymieszaj i przełóż na półmisek. Podawać schłodzone jako dodatek do drugiego dania lub jako część bufetu szwedzkiego na spotkania.
e) Rozkoszuj się domową estońską sałatką z buraków, pysznym i kolorowym dodatkiem do posiłku!

44. Sałatka Grzybowa (Seenesalat)

SKŁADNIKI:

- 1 funt świeżych grzybów, oczyszczonych i pokrojonych w plasterki lub 1 funt marynowanych grzybów, odsączonych
- 1 mała czerwona cebula, drobno posiekana
- ½ szklanki pikli, drobno posiekanych
- ½ szklanki groszku konserwowego, odsączonego
- 2 łyżki białego octu
- 2 łyżki oleju roślinnego
- 1 łyżeczka cukru
- ½ łyżeczki soli
- ¼ łyżeczki czarnego pieprzu

INSTRUKCJE:

a) Jeśli używasz świeżych grzybów, rozgrzej patelnię na średnim ogniu i dodaj odrobinę oleju lub masła. Dodaj pokrojone w plasterki grzyby i smaż, aż puszczą wilgoć i staną się złotobrązowe. Zdejmij z ognia i pozwól im ostygnąć do temperatury pokojowej.

b) Jeśli używasz marynowanych grzybów, odcedź i pomiń ten krok. W odpowiedniej misce wymieszaj ugotowane lub marynowane grzyby, posiekaną czerwoną cebulę, pikle i groszek konserwowy.

c) W odpowiedniej misce wymieszaj biały ocet, olej roślinny, cukier, czarny pieprz i sól, aby przygotować winegret. Polej winegretem mieszaninę grzybów i delikatnie wymieszaj, aż wszystkie składniki zostaną dobrze pokryte sosem. Posmakuj i dopraw według potrzeby solą, cukrem i czarnym pieprzem. Przykryj miskę i wstaw do lodówki na co najmniej 1 godzinę, aby smaki się połączyły.

d) Gdy sałatka będzie gotowa do podania, po raz ostatni ją wymieszaj i przełóż na półmisek. Podawać schłodzone jako dodatek do drugiego dania lub jako część bufetu szwedzkiego na spotkania.

e) Rozkoszuj się domową estońską sałatką grzybową, pysznym i ziemistym daniem, które celebruje smak grzybów!

45.Sałatka Ogórkowa (Kurgisalat)

SKŁADNIKI:
- 2 średnie ogórki, pokrojone w cienkie plasterki
- 1 mała czerwona cebula, pokrojona w cienkie plasterki
- 2 łyżki białego octu
- 2 łyżki oleju roślinnego
- 1 łyżeczka cukru
- ½ łyżeczki soli
- ¼ łyżeczki czarnego pieprzu
- Świeży koperek, do dekoracji (opcjonalnie)

INSTRUKCJE:

a) W odpowiedniej misce wymieszaj pokrojone w cienkie plasterki ogórki i czerwoną cebulę. W odpowiedniej misce wymieszaj biały ocet, olej roślinny, cukier, czarny pieprz i sól, aby przygotować winegret.

b) Polej sosem winegret mieszaninę ogórków i cebuli i delikatnie wymieszaj, aż wszystkie składniki zostaną dobrze pokryte sosem. Posmakuj i dopraw według potrzeby solą, cukrem i czarnym pieprzem.

c) Przykryj miskę i wstaw do lodówki na co najmniej 1 godzinę, aby smaki się połączyły. Gdy sałatka będzie gotowa do podania, po raz ostatni ją wymieszaj i przełóż na półmisek.

d) W razie potrzeby udekoruj świeżym koperkiem, aby uzyskać dodatkową porcję smaku. Podawać schłodzone jako orzeźwiający dodatek lub jako część bufetu szwedzkiego na spotkania.

e) Rozkoszuj się domową estońską sałatką z ogórków, prostą i pyszną sałatką, która idealnie nadaje się na ciepłą pogodę lub jako lekki i orzeźwiający dodatek do każdego posiłku!

46. Sałatka Śledziowa (Suitsusilli Salat)

SKŁADNIKI:

- 5 wędzonych filetów śledziowych, pozbawionych skóry
- 2 średnie ziemniaki, ugotowane i pokrojone w kostkę
- 1 mała czerwona cebula, drobno posiekana
- 1 małe jabłko, obrane i pokrojone w kostkę
- ½ szklanki groszku konserwowego, odsączonego
- ½ szklanki majonezu
- 2 łyżki kwaśnej śmietany
- 1 łyżka musztardy Dijon
- 1 łyżka świeżego soku z cytryny
- Czarny pieprz do smaku
- Sól dla smaku
- Świeży koperek lub szczypiorek do dekoracji (opcjonalnie)

INSTRUKCJE:

a) W odpowiedniej misce rozdrobnij wędzone filety śledziowe na małe kawałki. Do miski ze śledziem dodaj pokrojone w kostkę gotowane ziemniaki, posiekaną czerwoną cebulę, pokrojone w kostkę jabłko i groszek konserwowy. W osobnej misce wymieszaj majonez, śmietanę, musztardę Dijon i sok z cytryny, aby przygotować dressing.

b) Polej sosem mieszankę śledziowo-warzywną i delikatnie wymieszaj, aż wszystkie składniki zostaną dobrze pokryte dressingiem. Posmakuj i dopraw według potrzeby czarnym pieprzem i solą.

c) Przykryj miskę i wstaw do lodówki na co najmniej 1 godzinę, aby smaki się połączyły. Gdy sałatka będzie gotowa do podania, po raz ostatni ją wymieszaj i przełóż na półmisek.

d) W razie potrzeby udekoruj świeżym koperkiem lub szczypiorkiem, aby dodać świeżości i prezentacji. Podawać schłodzone jako pyszną i niepowtarzalną przystawkę lub dodatek do uroczystych okazji .

e) Rozkoszuj się domową estońską sałatką śledziową, aromatycznym i satysfakcjonującym daniem, które podkreśla niepowtarzalny smak wędzonego śledzia!

47. Sałatka Z Marchwi (Porgandisalat)

SKŁADNIKI:
- 4 średnie marchewki, obrane i starte
- 1 mała czerwona cebula, drobno posiekana
- 1 małe jabłko, obrane i starte
- ½ szklanki groszku konserwowego, odsączonego
- 2 łyżki białego octu
- 2 łyżki oleju roślinnego
- 1 łyżeczka cukru
- ½ łyżeczki soli
- ¼ łyżeczki czarnego pieprzu
- Świeża natka pietruszki lub koperek do dekoracji (opcjonalnie)

INSTRUKCJE:
a) W odpowiedniej misce wymieszaj startą marchewkę, posiekaną czerwoną cebulę, starte jabłko i groszek konserwowy.
b) W odpowiedniej misce wymieszaj biały ocet, olej roślinny, cukier, czarny pieprz i sól, aby przygotować winegret. Polej sosem winegret mieszankę marchewkowo-warzywną i delikatnie wymieszaj, aż wszystkie składniki zostaną dobrze pokryte sosem.
c) Posmakuj i dopraw według potrzeby solą, cukrem i czarnym pieprzem.
d) Przykryj miskę i wstaw do lodówki na co najmniej 1 godzinę, aby smaki się połączyły. Gdy sałatka będzie gotowa do podania, po raz ostatni ją wymieszaj i przełóż na półmisek. W razie potrzeby udekoruj świeżą pietruszką lub koperkiem, aby uzyskać dodatkową porcję smaku i świeżości.
e) Podawać schłodzone jako orzeźwiający dodatek do każdego posiłku. Rozkoszuj się domową estońską sałatką z marchwi, kolorową i smaczną przystawką, która uzupełnia szeroką gamę dań głównych!

48. Sałatka Z Kapusty (Kapsasalat)

SKŁADNIKI:
- 4 szklanki zielonej kapusty, drobno posiekanej
- 1 mała czerwona cebula, drobno posiekana
- 1 mała marchewka, obrana i starta
- 1 małe jabłko, obrane i starte
- 2 łyżki białego octu
- 2 łyżki oleju roślinnego
- 1 łyżeczka cukru
- ½ łyżeczki soli
- ¼ łyżeczki czarnego pieprzu
- Świeża natka pietruszki lub koperek do dekoracji (opcjonalnie)

INSTRUKCJE:
a) W odpowiedniej misce wymieszaj posiekaną kapustę, posiekaną czerwoną cebulę, startą marchewkę i starte jabłko. W odpowiedniej misce wymieszaj biały ocet, olej roślinny, cukier, czarny pieprz i sól, aby przygotować winegret.
b) Polej sosem winegret mieszaninę kapusty i warzyw i delikatnie wymieszaj, aż wszystkie składniki zostaną dobrze pokryte sosem. Posmakuj i dopraw według potrzeby solą, cukrem i czarnym pieprzem.
c) Przykryj miskę i wstaw do lodówki na co najmniej 1 godzinę, aby smaki się połączyły. Gdy sałatka będzie gotowa do podania, po raz ostatni ją wymieszaj i przełóż na półmisek. W razie potrzeby udekoruj świeżą pietruszką lub koperkiem, aby dodać świeżości i prezentacji. Podawać schłodzone jako chrupiący i orzeźwiający dodatek do każdego posiłku.
d) Rozkoszuj się domową estońską sałatką z kapusty, prostą i pyszną sałatką, która uzupełnia szeroką gamę dań głównych i dodaje zdrową dawkę warzyw do Twojego posiłku!

49. Sałatka Pomidorowo-Ogórkowa (Tomati-Kurgisalat)

SKŁADNIKI:
- 2 duże pomidory, pokrojone w kostkę
- 1 duży ogórek, obrany i pokrojony w kostkę
- 1 mała czerwona cebula, drobno posiekana
- 2 łyżki białego octu
- 2 łyżki oleju roślinnego
- 1 łyżeczka cukru
- ½ łyżeczki soli
- ¼ łyżeczki czarnego pieprzu
- Świeża natka pietruszki lub koperek do dekoracji (opcjonalnie)

INSTRUKCJE:

a) W odpowiedniej misce wymieszaj pokrojone w kostkę pomidory, pokrojony w kostkę ogórek i posiekaną czerwoną cebulę. W odpowiedniej misce wymieszaj biały ocet, olej roślinny, cukier, czarny pieprz i sól, aby przygotować winegret.

b) Polej sosem winegret mieszaninę pomidorów i ogórków i delikatnie wymieszaj, aż wszystkie składniki zostaną dobrze pokryte sosem. Posmakuj i dopraw według potrzeby solą, cukrem i czarnym pieprzem.

c) Przykryj miskę i wstaw do lodówki na co najmniej 30 minut, aby smaki się połączyły, a sałatka ostygła. Gdy sałatka będzie gotowa do podania, po raz ostatni ją wymieszaj i przełóż na półmisek.

d) W razie potrzeby udekoruj świeżą pietruszką lub koperkiem, aby dodać świeżości i prezentacji. Podawać schłodzone jako lekki i orzeźwiający dodatek do każdego posiłku.

e) Rozkoszuj się domową estońską sałatką z pomidorów i ogórków, idealną sałatką do zaprezentowania smaków świeżych pomidorów i ogórków w prosty, ale pyszny sposób!

50. Sałatka Mieszana (Segasalat)

SKŁADNIKI:

- 2 średnie ziemniaki, obrane i ugotowane do miękkości widelca
- 2 średnie buraki, obrane, ugotowane do miękkości widelca i pokrojone w kostkę
- 2 średnie marchewki, obrane, ugotowane do miękkości widelca i pokrojone w kostkę
- 1 szklanka mrożonego groszku, rozmrożona
- 1 mała czerwona cebula, drobno posiekana
- 2 łyżki białego octu
- 2 łyżki oleju roślinnego
- 1 łyżeczka cukru
- ½ łyżeczki soli
- ¼ łyżeczki czarnego pieprzu
- Świeża natka pietruszki lub koperek do dekoracji (opcjonalnie)

INSTRUKCJE:

a) W odpowiedniej misce wymieszaj pokrojone w kostkę gotowane ziemniaki, pokrojone w kostkę gotowane buraki, pokrojoną w kostkę gotowaną marchewkę, rozmrożony groszek i posiekaną czerwoną cebulę.

b) W odpowiedniej misce wymieszaj biały ocet, olej roślinny, cukier, czarny pieprz i sól, aby przygotować winegret. Polej winegretem mieszankę warzywną i delikatnie wymieszaj, aż wszystkie składniki zostaną dobrze pokryte sosem. Posmakuj i dopraw według potrzeby solą, cukrem i czarnym pieprzem.

c) Przykryj miskę i wstaw do lodówki na co najmniej 1 godzinę, aby smaki się przegryzły, a sałatka ostygła. Gdy sałatka będzie gotowa do podania, po raz ostatni ją wymieszaj i przełóż na półmisek. W razie potrzeby udekoruj świeżą pietruszką lub koperkiem, aby dodać świeżości i prezentacji.

d) Podawać schłodzone jako pyszny i kolorowy dodatek lub lekkie i zdrowe danie główne.

ZUPY

51.Zupa Grochowa (Hernesupp)

SKŁADNIKI:
- 1 szklanka suszonego żółtego groszku
- 1 duża cebula, posiekana
- 2 marchewki, obrane i pokrojone w kostkę
- 2 ziemniaki, obrane i pokrojone w kostkę
- 8 uncji wędzona wieprzowina lub boczek pokrojony w kostkę
- 1 liść laurowy
- 1 łyżeczka tymianku, suszonego
- Czarny pieprz do smaku
- Sól dla smaku
- Świeży koperek, do dekoracji (opcjonalnie)

INSTRUKCJE:

a) Suszony groszek płuczemy w zimnej wodzie i moczymy w wodzie przez noc lub co najmniej 6 godzin.

b) Namoczony groszek odcedzamy i przekładamy do odpowiedniego garnka do zupy. Dodaj tyle wody, aby przykryła groszek około 2 cali.

c) Do garnka wrzucamy posiekaną cebulę, pokrojoną w kostkę marchewkę, pokrojone w kostkę ziemniaki, wędzoną wieprzowinę lub boczek, liść laurowy i suszony tymianek.

d) Doprowadzić zupę do wrzenia na średnim ogniu, następnie zmniejszyć ogień do małego i gotować na wolnym ogniu przez około 1 godzinę, aż groszek i warzywa będą miękkie. Dopraw zupę obficie czarnym pieprzem i solą do smaku.

e) Usuń liść laurowy i wyrzuć. Podawać na gorąco, w razie potrzeby udekorowane świeżym koperkiem. Rozkoszuj się tradycyjną estońską zupą grochową (Hernesupp)!

52. Estońska zupa z puree dyniowego

SKŁADNIKI:
- 1 mała dynia (około 2 funty), obrana, pozbawiona nasion i pokrojona w małe kostki
- 1 duża cebula, posiekana
- 2 ząbki czosnku, posiekane
- 2 średnie marchewki, obrane i posiekane
- 2 średnie ziemniaki, obrane i posiekane
- 4 szklanki bulionu warzywnego
- 1 szklanka gęstej śmietanki
- 2 łyżki masła
- 1 łyżeczka tymianku, suszonego
- Czarny pieprz do smaku
- Sól dla smaku
- Świeża natka pietruszki do dekoracji (opcjonalnie)

INSTRUKCJE:
a) W odpowiednim garnku rozpuść masło na średnim ogniu. Dodajemy posiekaną cebulę i posiekany czosnek i smażymy 3-4 minuty, aż zmiękną.
b) Do garnka wrzucamy pokrojoną dynię, marchewkę, ziemniaki i suszony tymianek. Mieszaj do połączenia. Wlać bulion warzywny i doprowadzić do wrzenia. Zmniejsz ogień do małego, przykryj garnek i gotuj na wolnym ogniu przez 20-25 minut, aż warzywa będą miękkie. Zdejmij garnek z ognia i pozwól zupie lekko ostygnąć.
c) Użyj blendera zanurzeniowego lub zwykłego blendera, aby zmiksować zupę na gładką masę. Zupę wlać z powrotem do garnka, dodać gęstą śmietanę i wymieszać do połączenia. Zupę podgrzewaj na małym ogniu, aż się zagotuje, ale nie gotuj. Dopraw zupę obficie czarnym pieprzem i solą do smaku.
d) Gorącą zupę z puree dyniowego nalewaj do misek i w razie potrzeby udekoruj świeżą natką pietruszki. Podawaj na gorąco i delektuj się pyszną estońską zupą z puree z dyni!

53.Zupa Grzybowa (Seenesupp)

SKŁADNIKI:
- 1 funt świeżych grzybów, pokrojonych w plasterki
- 1 duża cebula, posiekana
- 2 ząbki czosnku, posiekane
- 3 łyżki masła
- 3 łyżki mąki uniwersalnej
- 4 szklanki bulionu warzywnego lub grzybowego
- 1 liść laurowy
- 1 łyżeczka tymianku, suszonego
- 1 szklanka gęstej śmietanki
- Czarny pieprz do smaku
- Sól dla smaku
- Świeża natka pietruszki do dekoracji (opcjonalnie)

INSTRUKCJE:

a) W odpowiednim garnku do zupy rozpuść masło na średnim ogniu. Dodaj posiekaną cebulę i posiekany czosnek i smaż przez 5-7 minut, aż cebula będzie miękka i przezroczysta. Do garnka wrzucamy pokrojone w plasterki grzyby i smażymy przez kolejne 5-7 minut, aż grzyby puszczą płyn i zaczną się rumienić. Pieczarki posyp mąką i dobrze wymieszaj, aby składniki się połączyły. Gotuj przez 2-3 minuty, ciągle mieszając, aż powstanie zasmażka.

b) Stopniowo wlewaj bulion warzywny lub grzybowy, cały czas mieszając, aby nie powstały grudki. Do garnka wrzuć liść laurowy i suszony tymianek. Doprowadź zupę do wrzenia, następnie zmniejsz ogień do małego i gotuj na wolnym ogniu przez około 15 minut, aż grzyby zmiękną, a smaki się połączą.

c) Usuń liść laurowy i wyrzuć. Dodajemy gęstą śmietanę i gotujemy kolejne 5 minut, od czasu do czasu mieszając. Dopraw zupę obficie czarnym pieprzem i solą do smaku.

d) Zdejmij garnek z ognia i pozwól zupie lekko ostygnąć.

e) W razie potrzeby użyj blendera zanurzeniowego lub zwykłego blendera, aby zmiksować zupę na gładką masę. W razie potrzeby przed podaniem podgrzej zupę na małym ogniu.

f) W razie potrzeby udekoruj świeżą pietruszką i ciesz się pyszną estońską zupą grzybową (Seenesupp)!

54.Estońska Zupa Grochowa (Kaalika-Hernesupp)

SKŁADNIKI:
- 1 łyżka oleju roślinnego
- 1 cebula, drobno posiekana
- 2 ząbki czosnku, posiekane
- 1 brukiew (około 1 funta), obrana i pokrojona w kostkę
- 1 szklanka mrożonego groszku
- 6 szklanek bulionu warzywnego
- 2 liście laurowe
- 1 łyżeczka tymianku, suszonego
- ½ łyżeczki majeranku, suszonego
- Czarny pieprz do smaku
- Sól dla smaku
- Świeża natka pietruszki, do dekoracji
- Śmietana lub jogurt do podania (opcjonalnie)

INSTRUKCJE:

a) Podgrzej olej roślinny w odpowiednim garnku na średnim ogniu. Dodajemy posiekaną cebulę i posiekany czosnek i smażymy przez 2-3 minuty, aż zmiękną. Do garnka wrzucamy pokrojoną w kostkę brukiew i mrożony groszek, gotujemy kolejne 2-3 minuty. Zalewamy bulionem warzywnym, dodajemy liście laurowe, suszony tymianek i suszony majeranek.

b) Dopraw czarnym pieprzem i solą do smaku. Doprowadź zupę do wrzenia, następnie zmniejsz ogień do małego i gotuj na wolnym ogniu przez około 30-40 minut, aż brukiew będzie miękka. Usuń liście laurowe i wyrzuć. Posmakuj i dopraw według potrzeby. Podawaj estońską kaalikę-Hernesupp gorącą, udekorowaną świeżą natką pietruszki. Opcjonalnie możesz podać zupę z kleksem kwaśnej śmietany lub jogurtu, aby dodać jej kremowej konsystencji.

c) Rozkoszuj się pyszną estońską zupą z brukwi i grochu!

55.Zupa Rybna (Kalasupp)

SKŁADNIKI:
- 1 funt filetów z białej ryby, takiej jak dorsz lub plamiak, pokrojonych na kawałki wielkości kęsa
- 1 duża cebula, posiekana
- 2 marchewki, obrane i pokrojone w kostkę
- 2 ziemniaki, obrane i pokrojone w kostkę
- 1 por, oczyszczony i pokrojony w plasterki
- 2 łyżki masła
- 4 szklanki bulionu rybnego lub warzywnego
- 1 liść laurowy
- 1 łyżeczka tymianku, suszonego
- 1 szklanka gęstej śmietanki
- Czarny pieprz do smaku
- Sól dla smaku
- Świeży koperek, do dekoracji (opcjonalnie)

INSTRUKCJE:

a) W odpowiednim garnku do zupy rozpuść masło na średnim ogniu. Dodaj posiekaną cebulę, pokrojoną w kostkę marchewkę, pokrojone w kostkę ziemniaki i pokrojony por i smaż przez 5-7 minut, aż warzywa zmiękną. Wrzuć filety rybne do garnka i smaż przez kolejne 2-3 minuty, aż będą częściowo ugotowane.

b) Zalewamy bulionem rybnym lub warzywnym, do garnka wrzucamy liść laurowy i suszony tymianek. Doprowadź zupę do wrzenia, następnie zmniejsz ogień do małego i gotuj na wolnym ogniu przez około 15 minut, aż ryba i warzywa będą całkowicie ugotowane i miękkie.

c) Usuń liść laurowy i wyrzuć. Dodajemy gęstą śmietanę i gotujemy kolejne 5 minut, od czasu do czasu mieszając. Dopraw zupę obficie czarnym pieprzem i solą do smaku. Zdejmij garnek z ognia i pozwól zupie lekko ostygnąć.

d) W razie potrzeby użyj blendera zanurzeniowego lub zwykłego blendera, aby zmiksować zupę na gładką masę. W razie potrzeby przed podaniem podgrzej zupę na małym ogniu.

e) W razie potrzeby udekoruj świeżym koperkiem i ciesz się smaczną estońską zupą rybną (Kalasupp)!

56.Zupa Buraczana (Borsisupp)

SKŁADNIKI:
- 2 średnie buraki, obrane i starte
- 1 średnia cebula, posiekana
- 2 marchewki, obrane i starte
- 2 ziemniaki, obrane i pokrojone w kostkę
- 1 łyżka masła
- 4 szklanki bulionu wołowego lub warzywnego
- 2 liście laurowe
- 1 łyżeczka tymianku, suszonego
- 2 łyżki koncentratu pomidorowego
- 2 łyżki czerwonego octu winnego
- 2 łyżki cukru
- Czarny pieprz do smaku
- Sól dla smaku
- Śmietana, do podania
- Świeży koperek, do dekoracji (opcjonalnie)

INSTRUKCJE:
a) W odpowiednim garnku do zupy rozpuść masło na średnim ogniu. Dodajemy posiekaną cebulę i smażymy przez 3-4 minuty, aż zmięknie. Do garnka wrzucamy starte buraki, startą marchewkę i pokrojone w kostkę ziemniaki, smażymy kolejne 3-4 minuty.
b) Wlać bulion wołowy lub warzywny, do garnka dodać liście laurowe, suszony tymianek, koncentrat pomidorowy, ocet winny i cukier. Doprowadź zupę do wrzenia, następnie zmniejsz ogień do małego i gotuj na wolnym ogniu przez około 30 minut, aż warzywa będą całkowicie ugotowane i miękkie.
c) Usuń liście laurowe i wyrzuć. Dopraw zupę obficie czarnym pieprzem i solą do smaku.
d) Zdejmij garnek z ognia i pozwól zupie lekko ostygnąć.
e) W razie potrzeby użyj blendera zanurzeniowego lub zwykłego blendera, aby zmiksować zupę na gładką masę. W razie potrzeby przed podaniem podgrzej zupę na małym ogniu.
f) Zupę buraczaną podawaj na gorąco, udekorowaną kleksem kwaśnej śmietany i świeżym koperkiem, według uznania. Rozkoszuj się pyszną estońską zupą buraczaną (Boršisupp) o żywym kolorze i bogatym smaku!

57. Tradycyjna Zupa Z Kiszonej Kapusty (Hapukapsasupp)

SKŁADNIKI:
- 2 szklanki kiszonej kapusty, opłukanej i odsączonej
- 1 duża cebula, drobno posiekana
- 2 średnie marchewki, obrane i starte
- 2 średnie ziemniaki, obrane i pokrojone w kostkę
- 2 łyżki oleju roślinnego
- 1 łyżka koncentratu pomidorowego
- 1 liść laurowy
- 1 łyżeczka nasion kminku
- 1 łyżeczka tymianku, suszonego
- 4 szklanki bulionu warzywnego lub wołowego
- 2 szklanki wody
- Czarny pieprz do smaku
- Sól dla smaku
- Śmietana, do podania
- Świeża natka pietruszki do dekoracji (opcjonalnie)

INSTRUKCJE:
a) Podgrzej olej roślinny w odpowiednim garnku do zupy na średnim ogniu. Dodajemy posiekaną cebulę i smażymy przez 3-4 minuty, aż zmięknie.
b) Do garnka wrzucamy startą marchewkę i pokrojone w kostkę ziemniaki, smażymy kolejne 3-4 minuty. Dodajemy kapustę kiszoną, koncentrat pomidorowy, liść laurowy, kminek i suszony tymianek.
c) Gotuj przez kolejne 2-3 minuty, od czasu do czasu mieszając. Zalewamy bulionem warzywnym lub wołowym, do garnka wlewamy wodę. Doprowadź zupę do wrzenia, następnie zmniejsz ogień do małego i gotuj na wolnym ogniu przez około 30-40 minut, aż warzywa będą całkowicie ugotowane i miękkie.
d) Usuń liść laurowy i wyrzuć. Dopraw zupę obficie czarnym pieprzem i solą do smaku. Zdejmij garnek z ognia i pozwól zupie lekko ostygnąć. W razie potrzeby przed podaniem podgrzej zupę na małym ogniu.
e) Podawaj gorącą zupę z kiszonej kapusty, udekorowaną kleksem kwaśnej śmietany i świeżą natką pietruszki, jeśli chcesz. Rozkoszuj się pyszną estońską zupą z kiszonej kapusty (Hapukapsasupp) o jej pikantnym i obfitym smaku!

58.Zupa Jęczmienna (Odrasupp)

SKŁADNIKI:
- 1 szklanka jęczmienia perłowego
- 1 duża cebula, drobno posiekana
- 2 średnie marchewki, obrane i pokrojone w kostkę
- 2 średnie ziemniaki, obrane i pokrojone w kostkę
- 2 łyżki oleju roślinnego
- 1 liść laurowy
- 1 łyżeczka tymianku, suszonego
- 4 szklanki bulionu warzywnego lub wołowego
- 4 szklanki wody
- Czarny pieprz do smaku
- Sól dla smaku
- Świeża natka pietruszki do dekoracji (opcjonalnie)

INSTRUKCJE:
a) Kaszę perłową przepłucz pod zimną wodą i odcedź. Podgrzej olej roślinny w odpowiednim garnku do zupy na średnim ogniu. Dodajemy posiekaną cebulę i smażymy przez 3-4 minuty, aż zmięknie. Do garnka wrzucamy pokrojoną w kostkę marchewkę i ziemniaki i smażymy przez kolejne 3-4 minuty.
b) Dodaj pęczak perłowy, liść laurowy i suszony tymianek.
c) Gotuj przez kolejne 2-3 minuty, od czasu do czasu mieszając. Zalewamy bulionem warzywnym lub wołowym, do garnka wlewamy wodę.
d) Doprowadź zupę do wrzenia, następnie zmniejsz ogień do małego i gotuj na wolnym ogniu przez około 45-60 minut, aż kasza i warzywa będą całkowicie ugotowane i miękkie.
e) Usuń liść laurowy i wyrzuć. Dopraw zupę obficie czarnym pieprzem i solą do smaku. Zdejmij garnek z ognia i pozwól zupie lekko ostygnąć.
f) W razie potrzeby przed podaniem podgrzej zupę na małym ogniu. Zupę jęczmienną podawaj gorącą, udekorowaną świeżą natką pietruszki, jeśli chcesz.
g) Rozkoszuj się pyszną estońską zupą jęczmienną (Odrasupp) o obfitych i zdrowych smakach!

59. Kapuśniak

SKŁADNIKI:
- 1 mała główka kapusty, posiekana
- 1 duża cebula, drobno posiekana
- 2 marchewki, obrane i starte
- 2 ziemniaki, obrane i pokrojone w kostkę
- 1 łyżka oleju roślinnego
- 4 szklanki bulionu warzywnego
- 1 liść laurowy
- 1 łyżeczka tymianku, suszonego
- Czarny pieprz do smaku
- Sól dla smaku
- Świeża natka pietruszki, do dekoracji
- Śmietana do podania (opcjonalnie)

INSTRUKCJE:

a) Podgrzej olej roślinny w odpowiednim garnku na średnim ogniu. Do garnka wrzucamy posiekaną cebulę i startą marchewkę i smażymy przez 5 minut, aż warzywa zmiękną.

b) Do garnka wrzucamy poszatkowaną kapustę i smażymy kolejne 5 minut, od czasu do czasu mieszając. Do garnka wrzucamy pokrojone w kostkę ziemniaki, bulion warzywny, liść laurowy, suszony tymianek, sól i pieprz. Doprowadź tę mieszaninę do wrzenia.

c) Zmniejsz ogień do małego i gotuj zupę przez około 20-25 minut, aż warzywa będą miękkie. Wyjmij liść laurowy z zupy i wyrzuć.

d) Spróbować zupę i w razie potrzeby doprawić czarnym pieprzem i solą. Podawać gorące, udekorowane świeżą natką pietruszki.

60. Estońska zupa z kiszonej kapusty (Hapukapsasupp)

SKŁADNIKI:

- 1 szklanka kiszonej kapusty
- 1 duża cebula, drobno posiekana
- 2 marchewki, obrane i starte
- 2 ziemniaki, obrane i pokrojone w kostkę
- 1 łyżka oleju roślinnego
- 4 szklanki bulionu warzywnego lub mięsnego
- 1 liść laurowy
- 1 łyżeczka tymianku, suszonego
- Czarny pieprz do smaku
- Sól dla smaku
- Świeża natka pietruszki, do dekoracji
- Śmietana do podania (opcjonalnie)

INSTRUKCJE:

a) Kapustę kiszoną przepłucz pod zimną wodą, aby usunąć nadmiar solanki i odcedź. Podgrzej olej roślinny w odpowiednim garnku na średnim ogniu. Do garnka wrzucamy posiekaną cebulę i startą marchewkę i smażymy przez 5 minut, aż warzywa zmiękną.

b) Do garnka wrzucamy kapustę kiszoną, pokrojone w kostkę ziemniaki, bulion warzywny lub mięsny, liść laurowy, suszony tymianek, sól i pieprz. Doprowadź tę mieszaninę do wrzenia.

c) Zmniejsz ogień do małego i gotuj zupę przez około 20-25 minut, aż warzywa będą miękkie. Wyjmij liść laurowy z zupy i wyrzuć.

d) Spróbować zupę i w razie potrzeby doprawić czarnym pieprzem i solą. Podawać gorące, udekorowane świeżą natką pietruszki.

e) Opcjonalnie można podać z kleksem kwaśnej śmietany. Rozkoszuj się aromatyczną estońską zupą z kiszonej kapusty!

GŁÓWNE DANIA

61. Gulasz Wieprzowy I Kiszonej Kapusty (Seakapsahautis)

SKŁADNIKI:
- 1 funt łopatki wieprzowej pokrojonej w kostkę
- 1 cebula, drobno posiekana
- 2 ząbki czosnku, posiekane
- 2 szklanki kiszonej kapusty, odsączonej
- 2 ziemniaki, obrane i pokrojone w kostkę
- 2 marchewki, obrane i pokrojone w kostkę
- 2 liście laurowe
- 1 łyżeczka nasion kminku
- 1 łyżeczka soli
- ½ łyżeczki czarnego pieprzu
- 2 szklanki bulionu wołowego lub warzywnego
- 1 łyżka oleju roślinnego
- 1 łyżka masła
- Świeża natka pietruszki, do dekoracji

INSTRUKCJE:
a) Podgrzej olej roślinny i masło w odpowiednim garnku lub holenderskim piekarniku na średnim ogniu. Dodajemy pokrojoną w kostkę wieprzowinę i smażymy, aż zrumieni się ze wszystkich stron. Wyjmij wieprzowinę z garnka i odłóż na bok. W tym samym garnku podsmaż posiekaną cebulę i posiekany czosnek. Gotuj, aż cebula zmięknie i będzie przezroczysta.

b) Do garnka wrzucamy kapustę kiszoną, ziemniaki, marchewkę, liść laurowy, kminek, czarny pieprz i sól. Dobrze wymieszaj, aby połączyć. Włóż zrumienioną wieprzowinę z powrotem do garnka wraz z bulionem wołowym lub warzywnym. Doprowadzić do wrzenia.

c) Zmniejsz ogień do małego, przykryj garnek i gotuj na wolnym ogniu przez około 1 godzinę, aż wieprzowina będzie miękka, a warzywa ugotowane. Posmakuj i dopraw, jeśli to konieczne, dodając więcej czarnego pieprzu i soli. Usuń liście laurowe i wyrzuć. Podawać gorące, udekorowane świeżą natką pietruszki. Rozkoszuj się pysznym estońskim gulaszem z wieprzowiną i kiszoną kapustą! To pocieszające i aromatyczne danie, idealne na zimną pogodę lub wtedy, gdy masz ochotę na obfity posiłek.

62. Gulasz Wołowy (Hakklihahautis)

SKŁADNIKI:
- 1 funt mielonej wołowiny
- 1 cebula, drobno posiekana
- 2 ząbki czosnku, posiekane
- 2 marchewki, obrane i pokrojone w kostkę
- 2 ziemniaki, obrane i pokrojone w kostkę
- 2 liście laurowe
- 1 łyżeczka tymianku, suszonego
- 1 łyżeczka papryki
- 1 łyżeczka soli
- ½ łyżeczki czarnego pieprzu
- 2 szklanki bulionu wołowego
- 1 łyżka oleju roślinnego
- 1 łyżka masła
- Świeża natka pietruszki, do dekoracji

INSTRUKCJE:
a) Podgrzej olej roślinny i masło w odpowiednim garnku lub holenderskim piekarniku na średnim ogniu. Wmieszaj posiekaną cebulę i posiekany czosnek.
b) Gotuj, aż cebula zmięknie i będzie przezroczysta. Do garnka wrzucamy mieloną wołowinę i smażymy, rozbijając ją łyżką, aż się zrumieni.
c) Do garnka wrzucamy pokrojoną w kostkę marchewkę, pokrojone w kostkę ziemniaki, liście laurowe, suszony tymianek, paprykę, czarny pieprz i sól. Dobrze wymieszaj, aby połączyć.
d) Do garnka wlać bulion wołowy i doprowadzić do wrzenia. Zmniejsz ogień do małego, przykryj garnek i gotuj na wolnym ogniu przez około 30-40 minut, aż warzywa będą miękkie.
e) Posmakuj i dopraw, jeśli to konieczne, dodając więcej czarnego pieprzu i soli. Usuń liście laurowe i wyrzuć. Podawać gorące, udekorowane świeżą natką pietruszki.
f) Ciesz się pysznym estońskim gulaszem wołowym! To pożywne i aromatyczne danie, idealne na obfity posiłek. Podawaj z pieczywem lub puree ziemniaczanym jako pełny posiłek.

63. Gulasz z kurczaka i warzyw

SKŁADNIKI:
- 1 funt piersi lub udek z kurczaka bez kości i skóry, pokrojonych w kostkę
- 1 cebula, drobno posiekana
- 2 marchewki, obrane i pokrojone w kostkę
- 2 ziemniaki, obrane i pokrojone w kostkę
- 1 pasternak, obrany i pokrojony w kostkę
- 2 łodygi selera, pokrojone w kostkę
- 2 liście laurowe
- 1 łyżeczka tymianku, suszonego
- 1 łyżeczka papryki
- 1 łyżeczka soli
- ½ łyżeczki czarnego pieprzu
- 2 szklanki bulionu z kurczaka
- 1 łyżka oleju roślinnego
- 1 łyżka masła
- Świeża natka pietruszki, do dekoracji

INSTRUKCJE:

a) Podgrzej olej roślinny i masło w odpowiednim garnku lub holenderskim piekarniku na średnim ogniu. Wrzuć posiekaną cebulę do garnka i smaż, aż zmięknie i będzie przezroczysta. Do garnka wrzucamy pokrojonego w kostkę kurczaka i smażymy, aż zrumieni się ze wszystkich stron.

b) Do garnka wmieszać pokrojoną w kostkę marchewkę, pokrojone w kostkę ziemniaki, pokrojony w kostkę pasternak, pokrojony w kostkę seler, liście laurowe, suszony tymianek, paprykę, czarny pieprz i sól. Dobrze wymieszaj, aby połączyć. Do garnka wlać bulion z kurczaka i doprowadzić do wrzenia.

c) Zmniejsz ogień do małego, przykryj garnek i gotuj na wolnym ogniu przez około 30-40 minut, aż warzywa będą miękkie, a kurczak będzie ugotowany.

d) Posmakuj i dopraw, jeśli to konieczne, dodając więcej czarnego pieprzu i soli. Usuń liście laurowe i wyrzuć. Podawać gorące, udekorowane świeżą natką pietruszki.

e) Ciesz się pysznym estońskim gulaszem z kurczakiem i warzywami! To pożywne i pożywne danie, idealne na obfity posiłek. Podawać z pieczywem lub ryżem jako pełnowartościowy posiłek.

64.Gulasz Fasolowy (Oa- Või Hernesupp)

SKŁADNIKI:

- 2 szklanki suszonej fasoli (fasola biała, fasola zwyczajna lub fasola czarnooka), namoczonej przez noc i odcedzonej
- 1 cebula, drobno posiekana
- 2 marchewki, obrane i pokrojone w kostkę
- 2 ziemniaki, obrane i pokrojone w kostkę
- 2 łodygi selera, pokrojone w kostkę
- 2 ząbki czosnku, posiekane
- 2 liście laurowe
- 1 łyżeczka tymianku, suszonego
- 1 łyżeczka soli
- ½ łyżeczki czarnego pieprzu
- 4 szklanki bulionu warzywnego
- 1 szklanka przecieru pomidorowego
- Świeża natka pietruszki, do dekoracji

INSTRUKCJE:

a) W odpowiednim garnku lub holenderskim piekarniku rozgrzej odrobinę oleju lub masła na średnim ogniu. Do garnka wrzucamy posiekaną cebulę, pokrojoną w kostkę marchewkę, seler i posiekany czosnek.

b) Gotuj, aż warzywa zmiękną.

c) Do garnka wmieszać namoczoną i odsączoną fasolę, pokrojone w kostkę ziemniaki, liście laurowe, suszony tymianek, sól, pieprz czarny, bulion warzywny i przecier pomidorowy.

d) Dobrze wymieszaj, aby połączyć. Doprowadź mieszaninę do wrzenia, następnie zmniejsz ogień do małego, przykryj garnek i gotuj na wolnym ogniu przez około 1 do 1,5 godziny, aż fasola będzie ugotowana i miękka.

e) Przed podaniem usuń liście laurowe z gulaszu. Posmakuj i dopraw, jeśli to konieczne, dodając więcej czarnego pieprzu i soli. Podawać gorące, udekorowane świeżą natką pietruszki.

65. Estońska Zapiekanka Ryżowo-Grzybowa (Seeneriis)

SKŁADNIKI:
- 1 szklanka białego ryżu długoziarnistego
- 2 szklanki wody
- ½ łyżeczki soli
- 4 łyżki masła
- 1 średnia cebula, drobno posiekana
- 8 uncji świeżych grzybów, pokrojonych w plasterki
- ½ łyżeczki tymianku, suszonego
- ½ łyżeczki suszonego majeranku
- ½ łyżeczki soli
- ¼ łyżeczki czarnego pieprzu
- 2 łyżki mąki uniwersalnej
- 2 szklanki mleka
- 1 szklanka startego sera (takiego jak Gouda, Cheddar lub Swiss)
- Świeża natka pietruszki, posiekana (opcjonalnie)

INSTRUKCJE:

a) Rozgrzej piekarnik w temperaturze 350°F. Nasmaruj naczynie do pieczenia o wymiarach 9 x 13 cali i odłóż na bok. W rondlu wymieszaj ryż, wodę i ½ łyżeczki soli.

b) Doprowadź do wrzenia na średnim ogniu, następnie zmniejsz ogień do małego, przykryj patelnię i gotuj na wolnym ogniu przez około 15 minut, aż ryż się ugotuje i wchłonie wodę. Na odpowiedniej patelni rozpuść masło na średnim ogniu. Dodajemy posiekaną cebulę i smażymy około 5 minut, aż zmięknie. Na patelnię wrzucamy pokrojone w plasterki grzyby, suszony tymianek, suszony majeranek, ½ łyżeczki czarnego pieprzu i sól.

c) Gotuj przez kolejne 5 minut, aż grzyby będą miękkie. Wsypać mąkę i smażyć przez 1 minutę, ciągle mieszając. Stopniowo wlewaj mleko, cały czas mieszając, aby uniknąć grudek. Gotuj przez 5 minut, aż sos zgęstnieje. Dodaj ugotowany ryż i połowę startego sera. Dobrze wymieszaj. Do przygotowanego naczynia do zapiekania wlać mieszaninę ryżu i grzybów. Posypujemy wierzch pozostałym startym serem.

d) Piec w nagrzanym piekarniku przez 25-30 minut, aż zapiekanka się zarumieni, a ser roztopi i będzie złocisty na wierzchu. Wyjmij z piekarnika i pozostaw do ostygnięcia na kilka minut przed podaniem.

e) W razie potrzeby udekoruj posiekaną świeżą pietruszką. Podawaj na gorąco i ciesz się!

66. Estońska Zapiekanka Z Kapustą I Ryżem (Kapsa-Riiisivorm)

SKŁADNIKI:
- 1 mała główka kapusty, posiekana
- 1 szklanka białego ryżu długoziarnistego
- 2 szklanki wody
- ½ łyżeczki soli
- 4 łyżki masła
- 1 średnia cebula, drobno posiekana
- 2 ząbki czosnku, posiekane
- 1 łyżeczka nasion kminku
- ½ łyżeczki czarnego pieprzu
- ½ łyżeczki papryki
- ¼ łyżeczki gałki muszkatołowej
- ½ łyżeczki soli
- 2 łyżki mąki uniwersalnej
- 2 szklanki mleka
- 1 szklanka startego sera (takiego jak Gouda, Cheddar lub Swiss)
- Świeża natka pietruszki, posiekana (opcjonalnie)

INSTRUKCJE:

a) Rozgrzej piekarnik w temperaturze 350°F. Nasmaruj naczynie do pieczenia o wymiarach 9 x 13 cali i odłóż na bok. W odpowiednim garnku z wrzącą wodą blanszuj posiekaną kapustę przez 5 minut. Odcedź i odłóż na bok.

b) W rondlu wymieszaj ryż, wodę i ½ łyżeczki soli.

c) Doprowadź do wrzenia na średnim ogniu, następnie zmniejsz ogień do małego, przykryj patelnię i gotuj na wolnym ogniu przez około 15 minut, aż ryż się ugotuje i wchłonie wodę. Na odpowiedniej patelni rozpuść masło na średnim ogniu.

d) Dodajemy posiekaną cebulę i smażymy około 5 minut, aż zmięknie.

e) Na patelnię wrzuć posiekany czosnek, kminek, czarny pieprz, paprykę, gałkę muszkatołową i ½ łyżeczki soli. Gotuj przez kolejne 2-3 minuty. Wsypać mąkę i smażyć przez 1 minutę, ciągle mieszając.

f) Stopniowo wlewaj mleko, cały czas mieszając, aby uniknąć grudek. Gotuj przez 5 minut, aż sos zgęstnieje. Dodaj blanszowaną kapustę i ugotowany ryż. Dobrze wymieszaj. Do przygotowanego naczynia do zapiekania wlać mieszaninę kapusty i ryżu. Posypujemy wierzch tartym serem.

g) Piec w nagrzanym piekarniku przez 25-30 minut, aż zapiekanka się zarumieni, a ser roztopi i będzie złocisty na wierzchu. Wyjmij z piekarnika i pozostaw do ostygnięcia na kilka minut przed podaniem.

h) W razie potrzeby udekoruj posiekaną świeżą pietruszką. Podawaj na gorąco i ciesz się!

67. Estoński smażony ryż i warzywa (Riis Ja Köögiviljad Wokis)

SKŁADNIKI:
- 2 szklanki ugotowanego białego ryżu
- 1 szklanka mieszanych warzyw (takich jak marchew, papryka, groszek, kukurydza itp.), posiekanych
- 1 mała cebula, drobno posiekana
- 2 ząbki czosnku, posiekane
- 2 łyżki oleju roślinnego
- 2 łyżki sosu sojowego
- 1 łyżka sosu ostrygowego (opcjonalnie)
- ½ łyżeczki soli
- ¼ łyżeczki czarnego pieprzu
- Świeża kolendra lub pietruszka, posiekana (opcjonalnie)

INSTRUKCJE:
a) Rozgrzej olej roślinny w woku lub dużej patelni na dużym ogniu. Do woka wrzucić posiekaną cebulę i posiekany czosnek i smażyć mieszając przez 1-2 minuty, aż zaczną wydzielać zapach. Wrzuć mieszankę warzywną do woka i smaż przez kolejne 2-3 minuty, aż będą lekko miękkie. Ugotowany ryż wsyp do woka i smaż przez kolejne 2-3 minuty, ciągle mieszając, aby zapobiec przywieraniu.

b) Dodaj sos sojowy i sos ostrygowy (jeśli używasz) do woka i smaż mieszając przez kolejną minutę, aż sos dobrze się rozprowadzi, a ryż i warzywa zostaną równomiernie pokryte. Dopraw czarnym pieprzem i solą do smaku.

c) Dopraw przyprawy według własnych upodobań. Zdjąć z ognia i przenieść do naczynia do serwowania. W razie potrzeby udekoruj świeżą kolendrą lub natką pietruszki.

d) Podawaj na gorąco i delektuj się estońskim ryżem i warzywami!

68. Estońskie Ziemniaki Zapiekane w Piekarniku (Ahjukartulid)

SKŁADNIKI:
- 5 dużych ziemniaków, obranych i pokrojonych w małą kostkę
- 1 duża cebula, drobno posiekana
- 2 ząbki czosnku, posiekane
- 3 łyżki oleju roślinnego
- 1 łyżeczka tymianku, suszonego
- 1 łyżeczka papryki
- Czarny pieprz do smaku
- Sól dla smaku
- Świeża natka pietruszki do dekoracji (opcjonalnie)

INSTRUKCJE:
a) Rozgrzej piekarnik w temperaturze 400°F. W odpowiedniej misce wymieszaj kostki ziemniaków z posiekaną cebulą, przeciśniętym przez praskę czosnkiem, olejem roślinnym, suszonym tymiankiem, papryką, solą i pieprzem.
b) Upewnij się, że ziemniaki są równomiernie pokryte mieszanką przypraw. Przyprawione ziemniaki przekładamy do naczynia do pieczenia lub blachy wyłożonej papierem pergaminowym, rozkładając je równą warstwą.
c) Piecz ziemniaki w nagrzanym piekarniku przez 25-30 minut, aż będą złotobrązowe i chrupiące na zewnątrz, a miękkie w środku. Podczas pieczenia ziemniaki od czasu do czasu mieszaj, aby równomiernie się upiekły. Wyjmij ziemniaki z piekarnika i pozwól im lekko ostygnąć.
d) W razie potrzeby udekoruj świeżą pietruszką i podawaj na gorąco jako pyszny dodatek lub przekąskę.
e) Ciesz się pysznymi estońskimi ziemniakami pieczonymi w piekarniku!

69. Sos warzywno-mielony

SKŁADNIKI:
- 1 łyżka oleju roślinnego
- 1 cebula, drobno posiekana
- 2 ząbki czosnku, posiekane
- 1 marchewka, obrana i starta
- 1 mała cukinia, starta
- 1 szklanka teksturowanego białka roślinnego (TVP) lub mielonego mięsa wegetariańskiego
- 2 szklanki bulionu warzywnego
- 1 łyżka koncentratu pomidorowego
- 1 łyżeczka papryki
- ½ łyżeczki tymianku, suszonego
- ½ łyżeczki oregano, suszonego
- 1 liść laurowy
- ½ szklanki przecieru pomidorowego
- 1 łyżka sosu sojowego
- Czarny pieprz do smaku
- Sól dla smaku
- Świeża natka pietruszki, do dekoracji

INSTRUKCJE:

a) Rozgrzej olej roślinny na odpowiedniej patelni lub garnku na średnim ogniu. Dodajemy posiekaną cebulę i posiekany czosnek i smażymy przez 2-3 minuty, aż zmiękną. Dodaj startą marchewkę i cukinię i smaż przez kolejne 2-3 minuty, aż zaczną mięknąć.

b) Dodaj teksturowane białko roślinne (TVP) lub mielone warzywo na patelnię i smaż przez 2-3 minuty, aż się lekko zrumieni.

c) Dodajemy bulion warzywny, koncentrat pomidorowy, paprykę, suszony tymianek, suszone oregano, liść laurowy, przecier pomidorowy i sos sojowy. Dopraw czarnym pieprzem i solą do smaku.

d) Doprowadź tę mieszaninę do wrzenia, następnie zmniejsz ogień do małego i gotuj na wolnym ogniu przez 15-20 minut, od czasu do czasu mieszając. Usuń liść laurowy i wyrzuć. Posmakuj i dopraw według potrzeby.

e) Podawaj estoński sos mielony z warzywami na gorąco z puree ziemniaczanym, ryżem lub makaronem. Przed podaniem udekoruj świeżą natką pietruszki. Ciesz się pysznym wegetariańskim sosem mielonym!

70. Kõrvitsakotletid

SKŁADNIKI:
- 2 szklanki startej dyni
- 1 mała cebula, drobno posiekana
- 2 ząbki czosnku, posiekane
- ½ szklanki mąki uniwersalnej
- 2 jajka
- 1 łyżeczka proszku do pieczenia
- 1 łyżeczka soli
- ½ łyżeczki czarnego pieprzu
- ½ łyżeczki tymianku, suszonego
- ¼ łyżeczki mielonej gałki muszkatołowej
- ¼ łyżeczki papryki
- Olej do smażenia

INSTRUKCJE:

a) Połóż startą dynię na czystym ręczniku kuchennym lub gazie i wyciśnij nadmiar wilgoci. W odpowiedniej misce wymieszaj startą dynię, posiekaną cebulę, zmielony czosnek, mąkę, jajka, proszek do pieczenia, sól, pieprz, tymianek, gałkę muszkatołową i paprykę. Dobrze wymieszaj, aby powstało gęste ciasto.

b) Rozgrzej około ¼ cala oleju na patelni na średnim ogniu. Na gorący olej nakładać łyżką ciasto dyniowe i lekko je spłaszczać grzbietem łyżki, formując kotlety. Smaż placki po 3-4 minuty z każdej strony, aż będą złocistobrązowe i chrupiące.

c) Zdejmij kotlety z patelni i połóż je na talerzu wyłożonym ręcznikiem papierowym, aby odsączyć nadmiar oleju. Powtórzyć proces z pozostałym ciastem, w razie potrzeby dodając na patelnię więcej oleju.

d) Podawaj estoński Kõrvitsakotletid na gorąco jako dodatek lub przekąskę. Ciesz się pysznymi estońskimi pasztecikami dyniowymi!

71. Pajaroog

SKŁADNIKI:
- 1 funt wołowiny pokrojonej w kostkę
- 1 duża cebula, drobno posiekana
- 2 marchewki, obrane i pokrojone w kostkę
- 2 ziemniaki, obrane i pokrojone w kostkę
- 1 szklanka bulionu wołowego
- 1 szklanka gęstej śmietanki
- 2 łyżki mąki
- 2 łyżki masła
- 2 łyżki oleju roślinnego
- Czarny pieprz do smaku
- Sól dla smaku
- Świeża natka pietruszki, do dekoracji

INSTRUKCJE:

a) Rozgrzej piekarnik w temperaturze 350°F. W odpowiednim naczyniu żaroodpornym lub naczyniu żaroodpornym rozgrzej olej roślinny i masło na średnim ogniu. Wmieszać kawałki wołowiny i smażyć ze wszystkich stron, aż się zarumienią. Wyjmij wołowinę z garnka i odłóż na bok. W tym samym garnku wymieszaj posiekaną cebulę i marchewkę.

b) Gotuj, aż warzywa zmiękną, około 5 minut. Dodać mąkę i smażyć kolejne 2-3 minuty, aż mąka lekko się zarumieni. Stopniowo dodawaj bulion wołowy i gęstą śmietanę, ciągle mieszając, aby uniknąć grudek.

c) Wrzuć z powrotem do garnka pokrojone w kostkę ziemniaki i podsmażoną kostkę wołowiny. Dopraw czarnym pieprzem i solą do smaku. Doprowadź tę mieszaninę do wrzenia, następnie przykryj garnek pokrywką i włóż do nagrzanego piekarnika.

d) Piec około 1,5 do 2 godzin, aż wołowina będzie miękka, a warzywa ugotowane.

e) Wyjąć z piekarnika i przed podaniem odstawić zapiekankę na kilka minut. W razie potrzeby udekoruj świeżą pietruszką i podawaj na gorąco.

72.Estońskie Klopsiki Wołowe (Lihapallid)

SKŁADNIKI:
- 1 funt mielonej wołowiny
- 1 mała cebula, drobno posiekana
- 1 ząbek czosnku, posiekany
- 1 jajko
- ½ szklanki bułki tartej
- ¼ szklanki mleka
- 1 łyżka świeżej natki pietruszki, drobno posiekanej
- 1 łyżeczka soli
- ½ łyżeczki czarnego pieprzu
- ½ łyżeczki papryki
- ¼ łyżeczki zmielonego ziela angielskiego
- ¼ łyżeczki mielonej gałki muszkatołowej
- 2 łyżki oleju roślinnego do smażenia

INSTRUKCJE:

a) W odpowiedniej misce wymieszaj mieloną wołowinę, posiekaną cebulę, posiekany czosnek, jajko, bułkę tartą, mleko, natkę pietruszki, sól, pieprz, paprykę, ziele angielskie i gałkę muszkatołową. Dobrze wymieszaj, aż wszystkie składniki dokładnie się połączą .

b) Z tej mieszanki uformuj rękoma małe klopsiki. Na odpowiedniej patelni rozgrzej olej roślinny na średnim ogniu.

c) Wrzucaj klopsiki na patelnię i smaż przez około 5-7 minut, od czasu do czasu obracając, aż będą rumiane ze wszystkich stron i ugotowane .

d) Po ugotowaniu klopsików zdejmij je z patelni i połóż na talerzu wyłożonym ręcznikiem papierowym, aby wchłonął nadmiar oleju.

e) Podawaj estońskie klopsiki wołowe na gorąco z ulubionym dodatkiem, takim jak puree ziemniaczane, ryż lub warzywa.

73. Estońskie Rolady Wołowe (Räimerullid)

SKŁADNIKI:

- 4 cienkie plastry wołowiny (stek z flanki lub polędwica wołowa), około 8 uncji. każdy
- 4 plasterki boczku
- 1 mała cebula, drobno posiekana
- 1 ząbek czosnku, posiekany
- 2 łyżki oleju roślinnego
- 2 łyżki musztardy Dijon
- 4 małe pikle (korniszony), przekrojone wzdłuż na pół
- Czarny pieprz do smaku
- Sól dla smaku

INSTRUKCJE:

a) Połóż plastry wołowiny na płaskiej powierzchni i dopraw czarnym pieprzem i solą do smaku. Na odpowiedniej patelni rozgrzej olej roślinny na średnim ogniu. Dodaj posiekaną cebulę i posiekany czosnek i smaż, aż zmiękną, około 3-4 minuty.

b) Na każdym kawałku wołowiny połóż plaster bekonu, odpowiednią łyżkę smażonej mieszanki cebuli i czosnku oraz pół marynaty. Zwiń ciasno plastry wołowiny, zawijając po bokach i zabezpiecz wykałaczkami, aby połączyć rolady. Rozgrzej odpowiednią patelnię na średnim ogniu. W razie potrzeby dodaj trochę oleju roślinnego.

c) Ostrożnie połóż roladki wołowe na gorącej patelni i obsmaż je ze wszystkich stron, aż się zarumienią, około 2-3 minuty z każdej strony. Zmniejsz ogień do małego i kontynuuj smażenie rolad przez kolejne 10-15 minut, obracając od czasu do czasu, aż będą ugotowane do pożądanego poziomu wysmażenia.

d) Zdejmij roladki wołowe z patelni i odstaw je na kilka minut, a następnie wyjmij wykałaczki i pokrój je w poprzek w koła.

e) Podawaj estońskie roladki wołowe na gorąco z ulubionym dodatkiem, takim jak pieczone ziemniaki, warzywa gotowane na parze lub puree ziemniaczane.

74. Estońskie paszteciki z wołowiny (Hakklihakotletid)

SKŁADNIKI:

- 1 funt mielonej wołowiny
- 1 mała cebula, drobno posiekana
- 2 ząbki czosnku, posiekane
- 1 jajko
- ½ szklanki bułki tartej
- ½ łyżeczki soli
- ¼ łyżeczki czarnego pieprzu
- ¼ łyżeczki papryki
- 2 łyżki oleju roślinnego do smażenia

INSTRUKCJE:

a) W odpowiedniej misce wymieszaj mieloną wołowinę, posiekaną cebulę, posiekany czosnek, jajko, bułkę tartą , sól, czarny pieprz i paprykę.
b) Dobrze wymieszaj, aż wszystkie składniki zostaną równomiernie połączone. Z mieszanki wołowej uformuj kotlety o średnicy około 2-3 cali i grubości ½ cala.
c) Rozgrzej olej roślinny na patelni na średnim ogniu. Wrzucaj kotlety wołowe na gorącą patelnię i smaż przez 3-4 minuty z każdej strony, aż będą ugotowane i będą miały złotą skórkę na zewnątrz.
d) Usmażone kotlety wołowe przełóż na talerz wyłożony ręcznikiem papierowym, aby odsączyć nadmiar oleju.
e) Podawaj estońskie kotlety wołowe na gorąco z ulubionym dodatkiem, takim jak puree ziemniaczane, warzywa gotowane na parze lub świeża sałatka.

75. Estoński Rolowany Śledź (Räimerullid)

SKŁADNIKI:
- 8 marynowanych filetów śledziowych
- 8 małych ugotowanych ziemniaków
- 1 mała czerwona cebula, drobno posiekana
- 1 łyżka świeżego koperku, posiekanego
- 1 łyżka kwaśnej śmietany lub majonezu
- Czarny pieprz do smaku
- Sól dla smaku

INSTRUKCJE:

a) Marynowane filety śledziowe opłucz pod zimną wodą, aby usunąć nadmiar solanki. Wytrzyj do sucha ręcznikami papierowymi. W odpowiedniej misce wymieszaj posiekaną czerwoną cebulę, świeży koperek, śmietanę lub majonez, czarny pieprz i sól.

b) Połóż filety śledziowe na czystej powierzchni, skórą do dołu.

c) Na każdym filecie śledziowym połóż odpowiednio ugotowanego ziemniaka i rozłóż na ziemniaku odpowiednią ilość mieszanki cebuli i koperku. Zwinąć filety śledziowe z ziemniakami i nadzieniem w środku, w razie potrzeby spiąć wykałaczką.

d) Ułóż roladki śledziowe na talerzu i wstaw do lodówki na co najmniej 1 godzinę przed podaniem, aby smaki się połączyły.

e) Podawaj estońskie roladki śledziowe jako przystawkę, udekorowane dodatkowym świeżym koperkiem, jeśli chcesz.

76. Zapiekanka Wołowo-Ziemniaczana

SKŁADNIKI:

- 1 funt gulaszu wołowego, pokrojonego w kostkę
- 4 średnie ziemniaki, obrane i pokrojone w cienkie plasterki
- 1 duża cebula, drobno posiekana
- 2 ząbki czosnku, posiekane
- 2 łyżki oleju roślinnego
- 2 łyżki mąki uniwersalnej
- 2 szklanki bulionu wołowego
- 1 szklanka kwaśnej śmietany
- 1 łyżeczka papryki
- ½ łyżeczki soli
- ¼ łyżeczki czarnego pieprzu
- Posiekana świeża pietruszka do dekoracji

INSTRUKCJE:

a) Rozgrzej piekarnik w temperaturze 350°F. W odpowiednim naczyniu żaroodpornym lub piekarniku holenderskim rozgrzej olej roślinny na średnim ogniu. Dodaj posiekaną cebulę i posiekany czosnek i smaż, aż zmiękną, około 3-4 minuty. Włóż pokrojone w kostkę mięso gulasz wołowy do naczynia żaroodpornego i smaż, aż zrumieni się ze wszystkich stron, około 5-7 minut.

b) Wyjmij wołowinę z naczynia żaroodpornego i odłóż na bok. W tym samym naczyniu żaroodpornym wsypać mąkę i smażyć przez 1-2 minuty, ciągle mieszając, aż ciasto będzie lekko złociste.

c) Stopniowo dodawaj bulion wołowy, zeskrobując przyrumienione kawałki z dna naczynia żaroodpornego.

d) Doprowadzić do wrzenia i gotować 2-3 minuty, aż sos lekko zgęstnieje.

e) Mieszaj śmietanę, paprykę, czarny pieprz i sól, aż dobrze się połączą. Włóż pokrojone ziemniaki i rumianą wołowinę z powrotem do naczynia żaroodpornego, mieszając, aby pokryć je sosem. Przykryj naczynie żaroodporne pokrywką lub folią aluminiową i włóż do nagrzanego piekarnika.

f) Piec przez 45-50 minut, aż ziemniaki będą miękkie, a wołowina ugotowana .

g) Wyjmij zapiekankę z piekarnika i odstaw na kilka minut przed podaniem. Przed podaniem udekoruj posiekaną świeżą pietruszką.

77. Marmorliha

SKŁADNIKI:
- 1 funt steku wołowego, pokrojonego w cienkie plasterki
- 1 duża cebula, drobno posiekana
- 2 ząbki czosnku, posiekane
- 2 łyżki masła
- 2 łyżki mąki uniwersalnej
- 2 szklanki bulionu wołowego
- 1 szklanka gęstej śmietanki
- 1 łyżka sosu Worcestershire
- 1 łyżka musztardy Dijon
- Czarny pieprz do smaku
- Sól dla smaku
- Świeża natka pietruszki, do dekoracji

INSTRUKCJE:
a) Rozgrzej odpowiednią patelnię na średnim ogniu i rozpuść masło. Wrzuć pokrojoną wołowinę na patelnię i smaż, aż będzie rumiana po obu stronach, około 2-3 minuty z każdej strony.
b) Zdejmij wołowinę z patelni i odłóż na bok. Na tej samej patelni dodaj posiekaną cebulę i posiekany czosnek i smaż, aż zmiękną, około 3-4 minuty.
c) Dosyp mąkę i smaż przez 1-2 minuty, ciągle mieszając, aż uzyskasz lekko złocisty kolor.
d) Stopniowo dodawaj bulion wołowy, zbierając z dna patelni wszelkie przyrumienione kawałki.
e) Doprowadzić do wrzenia i gotować 2-3 minuty, aż sos lekko zgęstnieje. Mieszaj gęstą śmietanę, sos Worcestershire i musztardę Dijon, aż dobrze się połączą.
f) Dopraw czarnym pieprzem i solą do smaku. Ugotowane plastry wołowiny włóż z powrotem na patelnię i gotuj przez dodatkowe 5-7 minut, aż wołowina będzie ugotowana, a sos zgęstnieje do pożądanej konsystencji.
g) Zdejmij patelnię z ognia i odstaw na kilka minut przed podaniem.
h) Przed podaniem udekoruj posiekaną świeżą pietruszką.

78. Zapiekanka z Kurczakiem I Makaronem

SKŁADNIKI:

- 1 funt piersi lub udek z kurczaka bez kości i skóry, pokrojonych w kostkę
- 9 uncji makaron (makaron, fusilli lub penne)
- 1 średnia cebula, drobno posiekana
- 2 ząbki czosnku, posiekane
- 2 łyżki masła
- 2 łyżki mąki uniwersalnej
- 2 szklanki bulionu z kurczaka
- 1 szklanka gęstej śmietanki
- 1 szklanka sera (cheddar lub mozzarella), posiekanego
- ½ łyżeczki tymianku, suszonego
- Czarny pieprz do smaku
- Sól dla smaku
- Świeża natka pietruszki, do dekoracji

INSTRUKCJE:

a) Rozgrzej piekarnik do temperatury 350°F i nasmaruj naczynie do pieczenia o wymiarach 9 x 13 cali. Ugotuj makaron zgodnie z instrukcją na opakowaniu, aż będzie al dente. Odcedź i odłóż na bok. Na odpowiedniej patelni rozpuść masło na średnim ogniu. Dodaj posiekaną cebulę i posiekany czosnek i smaż, aż zmiękną, około 3-4 minuty.

b) Wrzuć pokrojonego w kostkę kurczaka na patelnię i smaż, aż przestanie być różowy, około 5-6 minut. Dodaj mąkę i smaż przez kolejne 1-2 minuty, aż uzyska lekko złocisty kolor.

c) Stopniowo dodawaj bulion z kurczaka i gęstą śmietanę, ciągle mieszając, aby uniknąć grudek. Gotuj tę mieszaninę, często mieszając, aż zgęstnieje, około 5 minut. Dodajemy pokruszony ser, suszony tymianek, sól i pieprz.

d) Kontynuuj mieszanie, aż ser się roztopi, a sos będzie gładki. Zdejmij patelnię z ognia i wmieszaj ugotowany makaron, aż równomiernie pokryje się sosem. Przełóż tę mieszaninę do natłuszczonej formy do pieczenia i rozprowadź ją równą warstwą.

e) Piec w nagrzanym piekarniku przez 20-25 minut, aż wierzch będzie złocisty i musujący. Wyjmij z piekarnika i pozostaw do ostygnięcia na kilka minut przed podaniem.

f) W razie potrzeby przed podaniem udekoruj świeżą pietruszką. Ciesz się pyszną estońską zapiekanką z kurczakiem i makaronem!

79. Estońskie Wrapy Z Kurczakiem (Kanawrapid)

SKŁADNIKI:
- 1 funt piersi z kurczaka bez kości i skóry, pokrojonych w cienkie plasterki
- 1 duża cebula, pokrojona w cienkie plasterki
- 1 duża papryka, pokrojona w cienkie plasterki
- 2 ząbki czosnku, posiekane
- 2 łyżki oleju roślinnego
- 1 łyżka sosu sojowego
- 1 łyżka sosu Worcestershire
- 1 łyżeczka papryki
- Czarny pieprz do smaku
- Sól dla smaku
- Tortilla lub cienkie placki
- Liście sałaty, do zawijania (opcjonalnie)

INSTRUKCJE:
a) Na odpowiedniej patelni rozgrzej olej roślinny na średnim ogniu. Dodaj cienko pokrojone piersi z kurczaka i smaż, aż przestaną być różowe i będą ugotowane, około 5-6 minut. Zdejmij z patelni i odłóż na bok.
b) Na tej samej patelni dodaj trochę więcej oleju, jeśli to konieczne, a następnie wymieszaj pokrojoną w plasterki cebulę, paprykę i posiekany czosnek. Smażyć, aż warzywa zmiękną, około 3-4 minuty. Wrzuć ugotowanego kurczaka z powrotem na patelnię ze smażonymi warzywami. Wymieszaj sos sojowy, sos Worcestershire, paprykę, sól i pieprz.
c) Gotuj przez kolejne 2-3 minuty, od czasu do czasu mieszając, aby smaki się połączyły. Zdejmij z ognia i poczekaj, aż mieszanina kurczaka i warzyw lekko ostygnie. Rozgrzej wrapy z tortilli lub cienkie placki zgodnie z instrukcją na opakowaniu.
d) Nałóż łyżkę mieszanki kurczaka i warzyw na każdy tortilla lub podpłomyk. W razie potrzeby dodaj liście sałaty na mieszankę kurczaka i warzyw, aby uzyskać dodatkową chrupkość i świeżość.
e) Zawiń tortillę lub płaski chleb, zawijając boki po drodze.
f) Podawaj natychmiast i ciesz się pysznymi estońskimi wrapami z kurczakiem!

80. Grillowane Kotlety Wieprzowe (Grillitud Seakarbonaad)

SKŁADNIKI:

- 5 kotletów schabowych
- ¼ szklanki oleju roślinnego
- ¼ szklanki białego octu winnego
- 1 łyżeczka soli
- ½ łyżeczki czarnego pieprzu

INSTRUKCJE:

a) W odpowiedniej misce wymieszaj olej roślinny, ocet z białego wina, czarny pieprz i sól, aby przygotować marynatę. Umieść kotlety wieprzowe w płytkim naczyniu i zalej je marynatą, upewniając się, że każdy kotlet jest dobrze nią pokryty.

b) Przykryj naczynie folią i pozostaw kotlety wieprzowe w marynacie w lodówce na co najmniej 30 minut lub na noc, aby uzyskać najlepsze rezultaty. Rozgrzej grill lub grill do średnio-wysokiej temperatury. Wyjmij kotlety schabowe z marynaty i strząśnij jej nadmiar.

c) Połóż kotlety wieprzowe na rozgrzanym grillu i grilluj przez około 5-6 minut z każdej strony, aż będą ugotowane i widoczne będą ślady grillowania. Zdejmij kotlety schabowe z grilla i odstaw je na kilka minut przed podaniem.

d) Podawaj na gorąco z ulubionymi dodatkami lub przyprawami i delektuj się estońskim grillowanym kotletem schabowym!

81. Szaszłyki Wołowo-Warzywne (Veiseliha- ja Köögiviljavardad)

SKŁADNIKI:

- 2 funty polędwicy wołowej lub polędwicy wołowej, pokrojonej na kawałki
- 1 papryka, pokrojona w kawałki
- 1 czerwona cebula, pokrojona w kawałki
- 6 pomidorków koktajlowych
- 2 łyżki oliwy z oliwek
- 1 łyżka octu z czerwonego wina
- 1 łyżeczka świeżego rozmarynu, posiekanego
- Czarny pieprz do smaku
- Sól dla smaku

INSTRUKCJE:

a) Na patyczki do szaszłyków nabijaj naprzemiennie wołowinę, paprykę, czerwoną cebulę i pomidorki koktajlowe.
b) W odpowiedniej misce wymieszaj oliwę z oliwek, ocet winny, rozmaryn, sól i pieprz, aby przygotować marynatę. Posmaruj marynatą szaszłyki.
c) Grilluj szaszłyki na grillu lub grillu przez około 8-10 minut, obracając od czasu do czasu, aż wołowina będzie ugotowana do pożądanego poziomu wysmażenia.
d) Podawaj na gorąco i ciesz się!

82. Szaszłyki z warzywami i serem Halloumi

SKŁADNIKI:
- 1 funt różnych warzyw (papryka, cukinia, grzyby, pomidorki koktajlowe)
- ½ funta sera Halloumi, pokrojonego na kawałki
- 2 łyżki oliwy z oliwek
- 1 łyżka soku z cytryny
- Świeże oregano, posiekane
- Czarny pieprz do smaku
- Sól dla smaku

INSTRUKCJE:
a) Na patyczki do szaszłyków nabijaj warzywa i ser Halloumi, naprzemiennie. W odpowiedniej misce wymieszaj oliwę z oliwek, sok z cytryny, oregano, sól i pieprz, aby przygotować marynatę. Posmaruj marynatą szaszłyki.
b) Szaszłyki grilluj na grillu lub grillu przez około 6-8 minut, od czasu do czasu obracając, aż warzywa będą miękkie, a ser Halloumi lekko złocisty.
c) Podawaj na gorąco i ciesz się!

DESER

83.Słodki Chleb Pleciony

SKŁADNIKI:
CIASTO
- 1 funt mąki uniwersalnej
- 1 opakowanie aktywnych suchych drożdży
- 1 szklanka mleka
- 3 ½ uncji niesolone masło, roztopione
- 3 ½ uncji cukier granulowany
- 2 duże jajka
- 1 łyżeczka ekstraktu waniliowego
- ½ łyżeczki soli

POŻYWNY
- 1 ½ uncji niesolone masło, zmiękczone
- 3 ½ uncji cukier granulowany
- 2 łyżeczki mielonego cynamonu

GLAZURA
- 1 jajko, ubite
- Cukier perłowy (opcjonalnie)

INSTRUKCJE:

a) W odpowiedniej misce wymieszaj mąkę i drożdże. W rondlu podgrzej mleko, aż będzie ciepłe, następnie dodaj roztopione masło, cukier, jajka, ekstrakt waniliowy i sól. Wlać mieszaninę mleka do mąki i mieszać, aż powstanie ciasto.

b) Zagniataj ciasto na posypanej mąką powierzchni przez około 5 minut, następnie włóż je z powrotem do miski, przykryj czystą ściereczką i odstaw do wyrośnięcia na 1 godzinę, aż podwoi swoją objętość.

c) Rozgrzej piekarnik do 350°F i wyłóż blachę do pieczenia papierem pergaminowym. Uderz ciasto i wyłóż je na posypaną mąką powierzchnię. Rozwałkuj go na odpowiedni prostokąt.

d) Aby przygotować nadzienie, wymieszaj miękkie masło, cukier i cynamon, a następnie równomiernie rozprowadź je na cieście. Ciasto zwiń ciasno od dłuższego brzegu, następnie przełóż je na przygotowaną blachę i uformuj w pierścień.

e) Za pomocą nożyc kuchennych lub ostrego noża wykonuj nacięcia wokół pierścienia w regularnych odstępach, pozostawiając około 1 cala nienaruszonego ciasta na środku. Przekręć każdą część ciasta na zewnątrz, aby odsłonić nadzienie, następnie posmaruj ciasto roztrzepanym jajkiem i posyp cukrem perłowym, jeśli to konieczne.

f) Piec w nagrzanym piekarniku przez 25-30 minut, aż uzyska złoty kolor. Wyjąć z piekarnika i pozostawić do lekkiego przestygnięcia przed podaniem. Ciesz się domowym estońskim Kringelem !

84. Estońskie ciasto twarogowe (Kohupiimakook)

SKŁADNIKI:
SKORUPA
- 8 uncji ciasteczka pełnoziarniste lub krakersy graham
- 3 ½ uncji niesolone masło, roztopione

POŻYWNY
- 1 funt estońskiego twarogu (kohupiim)
- ⅔ szklanki kwaśnej śmietany
- ⅔ szklanki gęstej śmietanki
- 4 uncje cukier granulowany
- 4 duże jajka
- 2 łyżeczki ekstraktu waniliowego
- Skórka otarta z 1 cytryny (opcjonalnie)

BYCZY
- Świeże jagody (truskawki, jagody, maliny)
- Przetwory owocowe (konfitury truskawkowe lub malinowe)

INSTRUKCJE:

a) Rozgrzej piekarnik do temperatury 350°F i nasmaruj 9-calową tortownicę sprężynową . Herbatniki trawienne lub krakersy graham pokruszyć na drobne okruchy i wymieszać z roztopionym masłem, aż składniki dobrze się połączą. Dokładnie wciśnij tę mieszaninę na dno przygotowanej tortownicy , aby uformować skórkę.

b) W odpowiedniej misce wymieszaj twaróg, śmietanę, śmietankę, cukier, jajka, ekstrakt waniliowy i skórkę cytrynową (jeśli używasz), aż masa będzie gładka i dobrze połączona. Na spód tortownicy wylać nadzienie serowe .

c) Piec w nagrzanym piekarniku przez 40-45 minut, aż brzegi się zetną, a środek będzie lekko falujący. Wyłączyć piekarnik i lekko uchylić drzwiczki piekarnika. Pozostaw ciasto do ostygnięcia w piekarniku na około 1 godzinę, następnie wyjmij z piekarnika i pozostaw do całkowitego wystygnięcia w temperaturze pokojowej.

d) Po ostygnięciu włóż ciasto do lodówki na co najmniej 4 godziny, a najlepiej na całą noc, aby całkowicie stwardniało. Tuż przed podaniem wyjmij ciasto z tortownicy i przełóż je na talerz. Wierzch ciasta posypać świeżymi jagodami lub konfiturami owocowymi i opcjonalnie posypać cukrem pudrem. Pokrój i podawaj schłodzone. Ciesz się pysznym estońskim Kohupiimakook !

85. Ciasto Chleb Żytni (Karask)

SKŁADNIKI:

- 9 uncji mąka żytnia
- 3 ½ uncji mąka uniwersalna
- 1 łyżeczka sody oczyszczonej
- 1 łyżeczka soli
- 1 łyżka cukru
- 1 szklanka maślanki
- 2 łyżki melasy lub ciemnego syropu
- 2 łyżki oleju roślinnego
- 1 duże jajko

INSTRUKCJE:

a) Rozgrzej piekarnik do temperatury 400°F i natłuść okrągłą formę do ciasta lub żeliwną patelnię. W odpowiedniej misce wymieszaj mąkę żytnią, mąkę uniwersalną, sodę oczyszczoną, sól i cukier.
b) W osobnej misce wymieszaj maślankę, melasę lub ciemny syrop, olej roślinny i jajko. Stopniowo wlewaj mokre składniki do suchych, mieszając, aż powstanie gęste ciasto. Przygotowane ciasto wylać na przygotowaną tortownicę lub patelnię, równomiernie je rozprowadzając.
c) Piec w nagrzanym piekarniku przez 25-30 minut, aż wykałaczka wbita w środek będzie sucha. Wyjmij z piekarnika i pozostaw Karask do ostygnięcia na patelni lub patelni przez kilka minut, a następnie umieść go na kratce do całkowitego wystygnięcia.
d) Karask można opcjonalnie podać z masłem lub innymi dodatkami, np. serem lub wędliną rybną.
e) Pokrój i ciesz się pysznym estońskim Karaskiem , wyjątkowym ciastem z chleba żytniego , które idealnie nadaje się na śniadanie lub jako przekąskę!

86. Ciasto z pluszowym misiem (Mõmmik)

SKŁADNIKI:
CIASTO
- 8 uncji niesolone masło w temperaturze pokojowej
- 8 uncji cukier granulowany
- 4 duże jajka
- 8 uncji mąka uniwersalna
- 2 łyżeczki proszku do pieczenia
- ¼ łyżeczki soli
- 1 łyżeczka ekstraktu waniliowego
- ½ szklanki mleka

POŻYWNY
- 1 ¼ szklanki gęstej śmietanki
- 8 uncji czekolada (gorzka lub mleczna), posiekana
- 3 ½ uncji niesolone masło w temperaturze pokojowej
- 2 łyżki cukru pudru
- 1 łyżeczka ekstraktu waniliowego

DEKORACJA
- Lukier kremowy (brązowy, czarny, biały i inne pożądane kolory)
- Barwnik spożywczy (opcjonalnie)
- Dekoracje cukierkowe lub czekoladowe (M&M's, żelki lub chipsy czekoladowe)
- Klej jadalny lub woda do przyklejania dekoracji

INSTRUKCJE:
CIASTO
a) Rozgrzej piekarnik do temperatury 350°F, natłuść i posmaruj mąką formę do ciasta w kształcie pluszowego misia lub zwykłą okrągłą formę do ciasta. W odpowiedniej misce utrzyj masło z cukrem na jasną i puszystą masę.

b) Wbijaj jajka, jedno po drugim i dobrze ubijaj po każdym dodaniu. W osobnej misce wymieszaj mąkę, proszek do pieczenia i sól.

c) Stopniowo dodawaj suche składniki do masy maślanej, na zmianę z mlekiem i ekstraktem waniliowym, zaczynając i kończąc na suchych składnikach. Mieszaj aż do połączenia.

d) Ciasto wylać do przygotowanej tortownicy i równomiernie rozprowadzić. Piec w nagrzanym piekarniku przez 30-35 minut, aż wykałaczka wbita w środek będzie sucha.

e) Wyjmij ciasto z piekarnika i pozostaw ciasto w formie na 10 minut do ostygnięcia, a następnie przełóż je na metalową kratkę, aby całkowicie ostygło.

POŻYWNY

f) W żaroodpornej misce wymieszaj posiekaną czekoladę i masło. W rondlu podgrzej ciężką śmietankę na średnim ogniu, aż zacznie wrzeć.

g) Gorącą śmietaną zalać mieszaninę czekolady i masła i odstawić na minutę. Mieszaj tę mieszaninę, aż czekolada i masło całkowicie się rozpuszczą i będą gładkie.

h) Dodajemy cukier puder i ekstrakt waniliowy i mieszamy, aż składniki dobrze się połączą. Pozostaw nadzienie do ostygnięcia do temperatury pokojowej, następnie przykryj i przechowuj w lodówce przez co najmniej 2 godziny, aż zgęstnieje i będzie można je smarować.

MONTAŻ I DEKORACJA

i) Gdy ciasto i nadzienie całkowicie ostygną, możesz rozpocząć składanie i dekorowanie ciasta pluszowego misia. W razie potrzeby odetnij górę ciasta, aby było wyrównane. Ciasto przekrój poziomo na dwie warstwy.

j) Na talerzu ułóż jedną warstwę ciasta i posmaruj grubą warstwą schłodzonego nadzienia czekoladowego. Na wierzchu nadzienia ułóż drugą warstwę ciasta. Użyj ostrego noża, aby uformować ciasto w kształt pluszowego misia, jeśli używasz zwykłej okrągłej formy do ciasta.

k) Rozwałkuj brązowy lukier fondantowy i przykryj całe ciasto, używając rąk lub wałka do ciasta, aby je wygładzić i nadać mu kształt przypominający pluszowego misia.

l) Rozwałkuj inny kolorowy lukier, aby stworzyć oczy, nos, usta i inne pożądane ozdoby na twarz i ciało misia.

m) Do pokolorowania fondantu można również użyć barwnika spożywczego.

n) Za pomocą jadalnego kleju lub wody przyklej dekoracje z fondantu do ciasta, tworząc twarz i ciało pluszowego misia według uznania.

87.Sernik Twaróg (Kubujuustukook)

SKŁADNIKI:
SKORUPA
- 9 uncji ciasteczka pełnoziarniste lub krakersy graham
- 3 ½ uncji niesolone masło, roztopione

POŻYWNY
- 1 funt sera twarogowego (czasami nazywanego twarogiem lub serem wiejskim), odsączonego
- 8 uncji cukier granulowany
- 4 duże jajka
- ⅔ szklanki gęstej śmietanki
- 1 łyżeczka ekstraktu waniliowego
- Skórka z 1 cytryny

BYCZY
- Świeże jagody lub wybrane przez Ciebie owoce (truskawki, jagody lub maliny)
- Cukier puder do posypania (opcjonalnie)

INSTRUKCJE:
SKORUPA
a) Zmiażdż herbatniki trawienne lub krakersy graham na drobne okruchy za pomocą robota kuchennego lub umieszczając je w plastikowej torbie i za pomocą wałka do ciasta.
b) W odpowiedniej misce wymieszaj okruchy herbatników lub krakersów z roztopionym masłem i dobrze wymieszaj. Mocno dociśnij tę mieszaninę do dna 9-calowej tortownicy, aby uformować skórkę. Włóż patelnię do lodówki, aby się schłodziła na czas przygotowywania nadzienia.
c) Pożywny
d) Rozgrzej piekarnik w temperaturze 350°F. W odpowiedniej misce wymieszaj ser twarogowy z cukrem i dobrze wymieszaj. Wbijaj jajka, jedno po drugim i dobrze ubijaj po każdym dodaniu. Dodaj ciężką śmietankę, ekstrakt waniliowy i skórkę z cytryny i mieszaj, aż dobrze się połączą.
e) Nadzienie wylać na schłodzony spód tortownicy, równomiernie rozprowadzając. Piec w nagrzanym piekarniku przez 35-40 minut, aż brzegi się zetną, a środek będzie lekko falujący. Wyjmij ciasto z

piekarnika i pozostaw ciasto do wystygnięcia na blasze na 10 minut, następnie przesuń nożem po krawędziach, aby oddzielić ciasto od formy.

f) Przełożyć ciasto na metalową kratkę, aby całkowicie ostygło, następnie przykryć i wstawić do lodówki na co najmniej 4 godziny lub na noc, aby stwardniało. Na wierzch: Tuż przed podaniem udekoruj schłodzony sernik twarogowy świeżymi jagodami lub wybranymi owocami.

g) W razie potrzeby posyp cukrem pudrem, aby uzyskać dekoracyjne wykończenie. Pokrój i podawaj schłodzony Kubujuustukook i ciesz się kremowym i pysznym estońskim sernikiem Quark z jego bogatymi smakami i orzeźwiającą polewą owocową!

88. Ciasto Babci (Vanaema Kook)

SKŁADNIKI:
SKORUPA
- 9 uncji ciasteczka pełnoziarniste lub krakersy graham
- 3 ½ uncji niesolone masło, roztopione
- 1 łyżka kakao w proszku (opcjonalnie)

POŻYWNY
- 4 duże jajka
- 8 uncji cukier granulowany
- ⅔ szklanki gęstej śmietanki
- 2 łyżeczki ekstraktu waniliowego
- 2 łyżki mąki uniwersalnej
- ¼ łyżeczki soli
- Skórka z 1 cytryny

INSTRUKCJE:
SKORUPA
a) Zmiażdż herbatniki trawienne lub krakersy graham na drobne okruszki za pomocą robota kuchennego lub umieszczając je w plastikowej torbie i za pomocą wałka do ciasta.
b) W odpowiedniej misce wymieszaj okruchy herbatników lub krakersów z roztopionym masłem i kakao w proszku (jeśli używasz) i dobrze wymieszaj. Mocno dociśnij tę mieszaninę do dna 9-calowej tortownicy, aby uformować skórkę. Włóż patelnię do lodówki, aby się schłodziła na czas przygotowywania nadzienia.

POŻYWNY
c) Rozgrzej piekarnik w temperaturze 350°F. W odpowiedniej misce ubić jajka z cukrem na jasną i puszystą masę. Dodaj ciężką śmietanę, ekstrakt waniliowy, mąkę, sól i skórkę z cytryny i mieszaj, aż dobrze się połączą.
d) Nadzienie wylać na schłodzony spód tortownicy, równomiernie rozprowadzając. Piec w nagrzanym piekarniku przez 30-35 minut, aż brzegi się zetną, a środek będzie lekko falujący. Wyjmij ciasto z piekarnika i pozostaw ciasto do wystygnięcia na blasze na 10 minut, następnie przesuń nożem po krawędziach, aby oddzielić ciasto od formy.

e) Przełożyć ciasto na metalową kratkę, aby całkowicie ostygło, następnie przykryć i wstawić do lodówki na co najmniej 4 godziny lub na noc, aby stwardniało.
f) Pokrój i podawaj schłodzony Vanaema Kook i delektuj się nostalgicznym estońskim ciastem babci o prostych, ale zachwycających smakach!

89. Estońskie Ciasto Arkuszowe (Plaadikook)

SKŁADNIKI:
PODSTAWA DO CIASTA BISZKOWEGO
- 4 duże jajka
- 8 uncji cukier granulowany
- 8 uncji mąka uniwersalna
- 1 łyżeczka proszku do pieczenia
- ¼ łyżeczki soli
- 2 łyżeczki ekstraktu waniliowego

NAKŁADKA KREMOWA
- 2 szklanki gęstej śmietanki
- 8 uncji cukier granulowany
- 2 łyżki mąki uniwersalnej
- 2 łyżki skrobi kukurydzianej
- 1 łyżeczka ekstraktu waniliowego

INSTRUKCJE:
PODSTAWA DO CIASTA BISZKOWEGO
a) Rozgrzej piekarnik do temperatury 350°F i nasmaruj blachę do pieczenia o wymiarach 9 x 13 cali lub prostokątną formę do ciasta. W odpowiedniej misce ubić jajka z cukrem na jasną i puszystą masę. Dodaj mąkę, proszek do pieczenia, sól i ekstrakt waniliowy i mieszaj, aż dobrze się połączą.
b) Przygotowane ciasto wylewamy na przygotowaną blachę lub tortownicę, równomiernie rozprowadzając. Piec w nagrzanym piekarniku przez 20-25 minut, aż ciasto będzie złotobrązowe, a wykałaczka wbita w środek będzie sucha. Wyjmij z piekarnika i pozostaw ciasto do całkowitego ostygnięcia na blasze.

NAKŁADKA KREMOWA
c) W rondlu wymieszaj ciężką śmietanę, cukier, mąkę i skrobię kukurydzianą. Ubijaj, aż dobrze się połączą. Postaw rondelek na średnim ogniu i gotuj, ciągle mieszając, aż mieszanina zgęstnieje i zacznie wrzeć.
d) Zdjąć z ognia i wymieszać z ekstraktem waniliowym. Polewa kremowa lekko ostygnie, następnie wylewamy ją na wystudzony spód biszkoptowy w blasze lub blaszce, równomiernie rozprowadzając szpatułką.
e) Przechowuj Paladion w lodówce przez co najmniej 4 godziny lub przez noc, aby kremowa polewa stwardniała. Pokrój i podawaj schłodzony Paladion i delektuj się tym wspaniałym estońskim ciastem z miękkim spodem biszkoptowym i kremową waniliową polewą!

90.Kissel rodzynkowy (Rosinakissell)

SKŁADNIKI:

- 4 uncje rodzynki
- 2 szklanki wody
- 9 uncji świeże lub mrożone jagody (takie jak borówki, maliny lub czarne porzeczki)
- 3 ½ uncji cukier granulowany
- 2 łyżki skrobi kukurydzianej lub ziemniaczanej
- 2 łyżki zimnej wody
- 1 łyżeczka soku z cytryny (opcjonalnie)

INSTRUKCJE:

a) Rodzynki włożyć do rondla, zalać 2 szklankami wody i zagotować. Zmniejsz ogień i gotuj na wolnym ogniu przez 10-15 minut, aż rodzynki będą pulchne i miękkie. W osobnym rondlu wymieszaj jagody i cukier.

b) Gotuj na średnim ogniu, od czasu do czasu mieszając, aż jagody puszczą sok, a cukier się rozpuści. W odpowiedniej misce wymieszaj skrobię kukurydzianą lub ziemniaczaną z 2 łyżkami zimnej wody, aż masa będzie gładka. Stopniowo dodawaj mieszaninę skrobi kukurydzianej lub skrobi ziemniaczanej do mieszanki jagodowej, ciągle mieszając, aby zapobiec tworzeniu się grudek.

c) Kontynuuj gotowanie tej mieszaniny na małym ogniu, ciągle mieszając, aż zgęstnieje do konsystencji galaretowatej. Zdejmij z ognia i dodaj ugotowane rodzynki i sok z cytryny (jeśli używasz). Poczekaj, aż Rosinakissell lekko ostygnie, a następnie przełóż do misek lub szklanek. Przechowywać w lodówce przez co najmniej 2-3 godziny, aż kisiel schłodzi się i stwardnieje.

d) Podawaj schłodzoną Rosinakissell jako orzeźwiający i pikantny deser i ciesz się eksplozją smaku soczystych rodzynek i kompotu ze słodkich jagód.

91. Estońska Zupa Deserowa (Leivasupp)

SKŁADNIKI:

- 9 uncji chleb żytni (najlepiej czerstwy lub jednodniowy)
- 4 ¼ szklanki wody
- 3 ½ uncji cukier granulowany lub do smaku
- 1 laska cynamonu
- 3-4 całe strąki kardamonu
- 1 łyżka masła
- 1 łyżka mąki uniwersalnej
- 1 łyżka kakao w proszku (opcjonalnie)
- ½ łyżeczki soli
- Bita śmietana do dekoracji (opcjonalnie)

INSTRUKCJE:

a) Chleb żytni pokroić w drobną kostkę lub kromki i włożyć do odpowiedniego rondla lub garnka. Wlać wodę do rondla z chlebem i doprowadzić do wrzenia na średnim ogniu.

b) Zmniejsz ogień do małego i gotuj na wolnym ogniu przez około 10-15 minut, aż chleb zmięknie i zacznie się rozpadać, tworząc gęstą bazę zupy. W osobnym małym rondlu rozpuść masło na średnim ogniu. Dodać mąkę i kakao (jeśli używasz) i smażyć, ciągle mieszając, przez 1-2 minuty, aż powstanie zasmażka.

c) Stopniowo dodawaj zasmażkę do zupy chlebowej, cały czas mieszając, aby uniknąć grudek. Dodaj cukier, laskę cynamonu, strąki kardamonu i sól do zupy i gotuj na wolnym ogniu przez kolejne 10-15 minut, mieszając od czasu do czasu, aby smaki się połączyły.

d) Przed podaniem wyjmij z zupy laskę cynamonu i strąki kardamonu. Podawaj Leivasupp na gorąco, udekorowany kleksem bitej śmietany (w razie potrzeby) i ciesz się pocieszającymi smakami tej tradycyjnej estońskiej zupy chlebowej!

92.Vahukoor-Kohupiimakook

SKŁADNIKI:
SKORUPA
- 8 uncji ciasteczka pełnoziarniste lub krakersy graham
- 3 ½ uncji niesolone masło, roztopione

POŻYWNY
- 1 funt twarogu lub twarogu
- 2 szklanki gęstej śmietany do ubijania
- 4 uncje cukier puder
- 1 łyżeczka ekstraktu waniliowego
- Skórka z 1 cytryny
- 1 łyżeczka żelatyny w proszku
- 3 łyżki zimnej wody
- Do dekoracji świeże jagody, pokrojone owoce lub wiórki czekoladowe

INSTRUKCJE:

a) Zmiażdż herbatniki trawienne lub krakersy graham na drobne okruchy za pomocą robota kuchennego lub umieszczając je w plastikowej torbie i rozgniatając wałkiem do ciasta. W odpowiedniej misce wymieszaj okruchy herbatników lub krakersów z roztopionym masłem i mieszaj, aż mieszanina będzie przypominała mokry piasek.

b) Mocno wciśnij mieszaninę okruchów na dno 9-calowej tortownicy, tworząc równą skórkę. Włóż patelnię do lodówki, aby się schłodziła na czas przygotowywania nadzienia.

c) W odpowiedniej misce skrop żelatynę w proszku zimną wodą i pozostaw na kilka minut, aby zakwitła. W odpowiedniej misce wymieszaj twarożek lub twaróg, ciężką śmietankę do ubijania, cukier puder, ekstrakt waniliowy i skórkę z cytryny. Ubijaj lub ubijaj mikserem elektrycznym, aż masa będzie gładka i kremowa.

d) W odpowiednim rondlu delikatnie podgrzej wykwitłą mieszaninę żelatyny na małym ogniu, ciągle mieszając, aż żelatyna całkowicie się rozpuści. Stopniowo wlewaj rozpuszczoną żelatynę do mieszanki twarogu, cały czas ubijając lub ubijając, aż składniki dobrze się połączą. Nadzienie wylać na schłodzony spód w tortownicy, wygładzić wierzch szpatułką.

e) Przykryj patelnię folią i wstaw do lodówki na co najmniej 4-6 godzin, aż ciasto stwardnieje i stwardnieje. Gdy ciasto wystygnie i stwardnieje, ostrożnie zdejmij boki tortownicy.
f) W razie potrzeby udekoruj wierzch ciasta świeżymi jagodami, pokrojonymi owocami lub wiórkami czekolady. Pokrój i podawaj Vahukoor-kohupiimakook i ciesz się kremowym, pikantnym i soczystym smakiem tego wspaniałego estońskiego deseru!

93.Ciasto Ziemniaczane (Kartulikook)

SKŁADNIKI:
SKORUPA
- 2 filiżanki mąki uniwersalnej
- 1 szklanka niesolonego masła, schłodzonego i pokrojonego w kostkę
- ½ szklanki cukru granulowanego
- ¼ łyżeczki soli
- 1 duże żółtko

POŻYWNY
- 2 funty. ziemniaki, obrane i gotowane do miękkości widelca
- ½ szklanki roztopionego, niesolonego masła
- ½ szklanki cukru granulowanego
- 3 duże jajka
- 1 szklanka kwaśnej śmietany
- 1 łyżeczka ekstraktu waniliowego
- ½ łyżeczki mielonego cynamonu
- ¼ łyżeczki mielonej gałki muszkatołowej
- 1 szczypta soli

INSTRUKCJE:
SKORUPA
a) Rozgrzej piekarnik do temperatury 350°F i nasmaruj 9-calową tortownicę sprężynową.
b) Aby przygotować spód, w odpowiedniej misce wymieszaj cukier, mąkę, sól i masło pokrojone w kostkę. Za pomocą noża do ciasta lub palców pokrój masło na suche składniki, aż mieszanina będzie przypominała grube okruchy. Mieszaj żółtko, aż ciasto się połączy.
c) Wciśnij równomiernie ciasto na dno przygotowanej tortownicy, aby uformować skórkę. Piec spód w nagrzanym piekarniku przez 10-12 minut, aż uzyska lekko złocisty kolor. Wyjmij z piekarnika i pozostaw do lekkiego ostygnięcia.

POŻYWNY
d) Ugotowane ziemniaki rozgnieść w odpowiedniej misce na gładką masę.

e) Do puree ziemniaczanego dodać roztopione masło, cukier, jajka, śmietanę, ekstrakt waniliowy, cynamon, gałkę muszkatołową i szczyptę soli. Mieszaj, aż dobrze się połączą.
f) tortownicy wylać nadzienie ziemniaczane . Wygładź wierzch szpatułką i piecz w nagrzanym piekarniku przez 45-50 minut, aż środek się zetnie, a wierzch stanie się lekko złotobrązowy.
g) Wyjmij placek ziemniaczany z piekarnika i pozostaw go do całkowitego ostygnięcia na patelni. Po ostygnięciu ostrożnie zdejmij boki tortownicy . Pokrój estoński placek ziemniaczany na plasterki i podawaj schłodzony lub w temperaturze pokojowej.
h) Ciesz się pysznym estońskim ciastem ziemniaczanym!

94.Kamavaht

SKŁADNIKI:
- ½ szklanki mieszanki Kama (proszek z prażonego ziarna, dostępny w estońskich lub specjalistycznych sklepach spożywczych)
- 1 szklanka gęstej śmietanki do ubijania
- ¼ szklanki cukru pudru
- 1 łyżeczka ekstraktu waniliowego

INSTRUKCJE:
a) W odpowiedniej misce wymieszaj mieszaninę Kama, cukier puder i ekstrakt waniliowy.
b) Dobrze wymieszaj, aby zapewnić równomierne rozłożenie składników. W osobnej misce ubijaj gęstą śmietanę, aż zgęstnieje i utworzy miękkie szczyty.
c) Delikatnie wymieszaj ubitą śmietanę z mieszanką Kama, używając szpatułki lub trzepaczki. Uważaj, aby nie wymieszać zbyt mocno, ponieważ chcesz, aby mieszanina była lekka i przewiewna. Spróbuj Kamavaht i w razie potrzeby dostosuj słodycz, dodając więcej cukru pudru.
d) Rozłóż Kamavaht łyżką do pojedynczych naczyń do serwowania lub szklanek deserowych. Przed podaniem schłodź Kamavaht w lodówce przez co najmniej 1 godzinę. Podawaj Kamavaht schłodzony i, jeśli chcesz, udekoruj dodatkowym proszkiem Kama lub świeżymi jagodami.
e) Rozkoszuj się kremowym i pikantnym smakiem Kamavaht, pysznego estońskiego deseru z Kamą i bitą śmietaną. To wyjątkowa i orzeźwiająca uczta, która z pewnością zachwyci Twoje kubki smakowe!

95.Kama i Szarlotka (Kama-Õunakook)

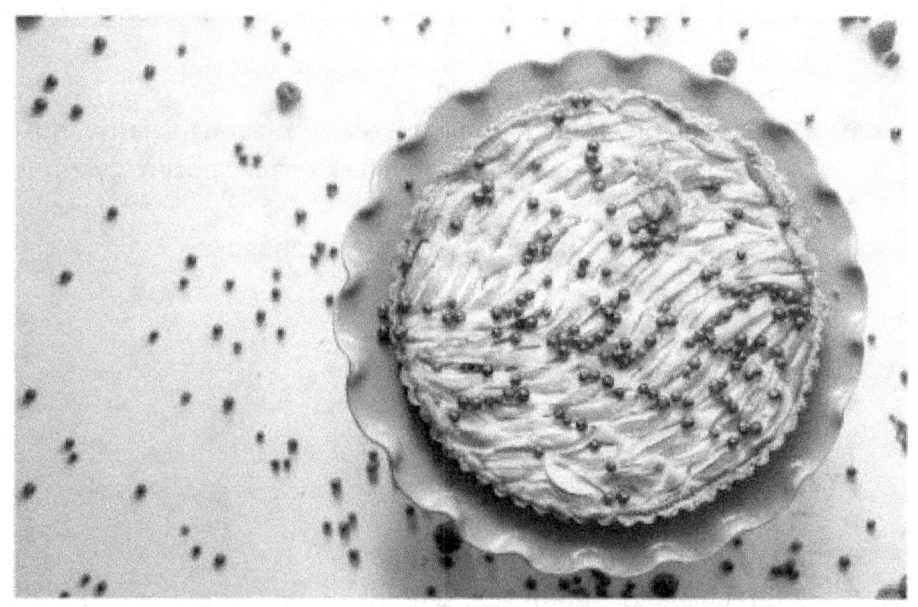

SKŁADNIKI:
CIASTO
- 3 średnie jabłka, obrane, wydrążone i pokrojone w cienkie plasterki
- 1 ½ szklanki mąki uniwersalnej
- ½ szklanki mieszanki Kama (proszek z prażonego ziarna, dostępny w estońskich lub specjalistycznych sklepach spożywczych)
- ½ szklanki cukru granulowanego
- ½ szklanki niesolonego masła, zmiękczonego
- 2 duże jajka
- ½ szklanki mleka
- 1 łyżeczka proszku do pieczenia
- 1 łyżeczka ekstraktu waniliowego
- ¼ łyżeczki soli

BYCZY
- ¼ szklanki mąki uniwersalnej
- ¼ szklanki cukru granulowanego
- 2 łyżki niesolonego masła, schłodzonego i pokrojonego w drobną kostkę

INSTRUKCJE:

a) Rozgrzej piekarnik do temperatury 350°F i nasmaruj 9-calową okrągłą foremkę do ciasta. W odpowiedniej misce wymieszaj mąkę, kamę, proszek do pieczenia i sól. W osobnej dużej misce utrzyj masło z cukrem na jasną i puszystą masę. Wbijaj jajka, jedno po drugim, a następnie dodaj ekstrakt waniliowy.

b) Stopniowo dodawaj mieszankę suchej mąki do masy maślanej, na zmianę z mlekiem, zaczynając i kończąc na suchych składnikach. Mieszaj aż do połączenia. Przygotowane ciasto wylewamy do przygotowanej tortownicy i równomiernie rozprowadzamy.

c) Na przygotowanym cieście ułóż pokrojone w cienkie plasterki jabłka, lekko je nakładając.

d) W odpowiedniej misce wymieszaj mąkę i cukier na polewę. Pokrój schłodzone masło za pomocą noża do ciasta lub palców, aż mieszanina będzie przypominać grube okruchy.

e) Nadzieniem równomiernie posmaruj jabłka. Piec ciasto w nagrzanym piekarniku przez 40-45 minut, aż wykałaczka wbita w środek będzie sucha.
f) Wyjmij ciasto z piekarnika i pozostaw do wystygnięcia w formie na 10 minut, następnie przełóż je na kratkę do całkowitego wystygnięcia. Po ostygnięciu pokrój Kama- õunakook w kliny i podawaj jako wspaniały estoński deser.

NAPOJE

96. Wino Owocowe (Leibkonna Jook)

SKŁADNIKI:
- 2 funty. świeże owoce lub jagody (jabłka, wiśnie, porzeczki, maliny)
- 2 funty. cukier
- 16 szklanek wody
- 1 łyżeczka świeżych drożdży lub ½ łyżeczki suszonych drożdży

INSTRUKCJE:
a) Umyj i oczyść owoce lub jagody, usuwając łodygi, liście i pestki. Zmiażdż je lub lekko rozgnieć, aby puściły sok. W odpowiednim garnku wymieszaj owoce lub jagody, cukier i wodę. Dobrze wymieszaj, aby rozpuścić cukier. Doprowadzić tę mieszaninę do wrzenia na średnim ogniu, następnie zmniejszyć ogień i gotować na wolnym ogniu przez około 10-15 minut, od czasu do czasu mieszając.
b) Zdejmij garnek z ognia i pozwól tej mieszaninie ostygnąć do temperatury pokojowej. Gdy mieszanina ostygnie, rozpuść drożdże w odpowiedniej ilości wody i dodaj do garnka. Dobrze wymieszać. Przykryj garnek czystą ściereczką lub folią i pozostaw w temperaturze pokojowej na 24 godziny, aby fermentowało.
c) Po 24 godzinach przecedź tę mieszaninę przez gęste sitko lub gazę do czystych butelek, pozostawiając trochę wolnej przestrzeni na górze. Butelki szczelnie zamknąć zakrętkami lub korkami i przechowywać w chłodnym, ciemnym miejscu przez co najmniej 2-3 tygodnie, aby Leibkonna mogła Jook fermentuje i rozwija swój smak.
d) Po 2-3 tygodniach Leibkonna Jook powinien być gotowy do picia. Przed podaniem schłodź go w lodówce i ciesz się nim jako orzeźwiającym, tradycyjnym estońskim napojem domowej roboty podczas specjalnych okazji lub uroczystości.

97.Kwas

SKŁADNIKI:
- 9 uncji chleb żytni (najlepiej czerstwy lub lekko wysuszony)
- 16 szklanek wody
- 4 uncje cukier
- 1 łyżeczka świeżych drożdży lub ½ łyżeczki suszonych drożdży
- 1-2 małe cytryny, pokrojone w cienkie plasterki
- 2 garści rodzynek lub suszonych owoców dla dodania smaku (opcjonalnie)

INSTRUKCJE:
a) Chleb żytni pokroić w drobną kostkę i włożyć do odpowiedniego garnka lub miski. Dodaj 16 szklanek wody do garnka z chlebem żytnim i pozostaw go w temperaturze pokojowej na 4-6 godzin lub na noc, aby się zaparzył.
b) Po namoczeniu odcedź płyn z chleba żytniego, dociskając kostki chleba, aby wydobyć jak najwięcej płynu. Wyrzuć chleb lub zachowaj go do innych zastosowań.
c) Rozpuść cukier w przecedzonym płynie, dobrze wymieszaj, aby upewnić się, że całkowicie się rozpuścił. W odpowiedniej misce rozpuścić drożdże w odpowiedniej ilości wody i dodać do płynu. Dobrze wymieszać. Do płynu dodaj pokrojone w cienkie plasterki cytryny i opcjonalnie rodzynki lub suszone owoce. Przykryj garnek lub miskę czystą ściereczką lub folią i pozostaw w temperaturze pokojowej na 6-12 godzin, aby fermentowało.
d) Po zakończeniu fermentacji odcedź płyn przez drobne sitko lub gazę do czystych butelek, pozostawiając trochę wolnej przestrzeni na górze. Uszczelnij butelki szczelnie zakrętkami lub korkami i przechowuj je w lodówce przez co najmniej 2-3 dni, aby kwas mógł się nagazować i rozwinąć swój smak. Po 2-3 dniach Kwas powinien być gotowy do picia.
e) Przed podaniem schłodź go w lodówce i ciesz się nim jako orzeźwiającym i pikantnym tradycyjnym estońskim napojem.

98.Kefir

SKŁADNIKI:

- 4 łyżeczki ziaren kefiru (dostępne w internecie lub w sklepach ze zdrową żywnością)
- 4 szklanki mleka
- Słodziki lub aromaty (miód, ekstrakt owocowy lub waniliowy) opcjonalnie

INSTRUKCJE:

a) Umieść ziarna kefiru w czystym szklanym słoju. Dodaj mleko do słoika, pozostawiając trochę miejsca na górze do fermentacji.

b) Niemetalową łyżką delikatnie wymieszaj mleko z ziarnami kefiru. Przykryj słoik czystą ściereczką lub plastikową pokrywką, ale nie zamykaj go szczelnie, ponieważ w procesie fermentacji wytwarza się gaz. Pozwól kefirowi fermentować w temperaturze pokojowej przez 24-48 godzin, w zależności od pożądanego poziomu cierpkości. Im dłużej pozwolisz mu fermentować, tym bardziej będzie pikantny.

c) Po fermentacji kefir przecedzić do innego czystego słoika, oddzielając ziarenka kefiru od płynu. Można do tego użyć drobnego sitka lub plastikowego sitka. Odcedzony kefir jest już gotowy do picia, można też dodać słodziki lub aromaty do smaku.

d) Jeśli chcesz ponownie wykorzystać ziarna kefiru do przygotowania kolejnej porcji, po prostu wlej świeże mleko do słoika z ziarnami kefiru i powtórz proces fermentacji.

99. Estoński Mors

SKŁADNIKI:

- 10 ½ uncji z chleba żytniego
- 8 szklanek wody
- ½ szklanki cukru
- Do dekoracji świeże liście mięty lub plasterki cytryny

INSTRUKCJE:

a) Chleb żytni pokroić na małe kawałki i umieścić je w odpowiedniej misce lub dzbanku. Chleb żytni zalej wodą tak, aby wszystkie kawałki chleba były zanurzone.
b) Przykryj miskę lub dzbanek czystą szmatką lub folią i pozostaw w temperaturze pokojowej na 12-24 godziny, aby umożliwić zajście fermentacji. Im dłużej pozwolisz mu fermentować, tym bardziej wyrazisty będzie Morss .
c) Po fermentacji odcedź płyn z chleba żytniego za pomocą drobnego sitka lub gazy, usuwając kawałki chleba. Dodaj cukier do smaku, zaczynając od ½ szklanki i dostosowując w razie potrzeby.
d) schłodź Morss w lodówce przez co najmniej 1-2 godziny.
e) Podczas serwowania możesz udekorować Morss świeżymi liśćmi mięty lub plasterkami cytryny, jeśli chcesz. Przed podaniem dobrze wymieszaj, gdyż osad może osadzić się na dnie.

100. Estoński napój Kali

SKŁADNIKI:

- 10 ½ uncji ciemnego chleba żytniego (najlepiej czerstwego)
- 8 szklanek wody
- ½ szklanki cukru
- ½ łyżeczki aktywnych suchych drożdży
- Do dekoracji świeże liście mięty lub plasterki cytryny

INSTRUKCJE:

a) Chleb żytni pokroić na małe kawałki i umieścić je w odpowiedniej misce lub dzbanku. Chleb żytni zalej wodą tak, aby wszystkie kawałki chleba były zanurzone.
b) Przykryj miskę lub dzbanek czystą szmatką lub folią i pozostaw w temperaturze pokojowej na 2-3 godziny, aby umożliwić zajście fermentacji.
c) Po fermentacji odcedź płyn z chleba za pomocą gęstego sitka lub gazy, usuwając kawałki chleba.
d) Dodaj cukier do smaku, zaczynając od ½ szklanki i dostosowując w razie potrzeby. Drożdże rozpuścić w odpowiedniej ilości ciepłej wody i dodać do przecedzonego płynu, dobrze wymieszać.
e) Przykryj ponownie miskę lub dzbanek i pozostaw w temperaturze pokojowej na dodatkowe 1-2 godziny, aby drożdże mogły sfermentować i nagazować napój. Przed podaniem schłodź Kali w lodówce przez co najmniej 1-2 godziny. W razie potrzeby możesz udekorować Kali świeżymi liśćmi mięty lub plasterkami cytryny.
f) Przed podaniem dobrze wymieszaj, gdyż osad może osadzić się na dnie.

WNIOSEK

Żegnając „Najlepszą estońską książkę kucharską", robimy to z sercami pełnymi wdzięczności za delektowane smaki, utworzone wspomnienia i kulinarne przygody przeżyte po drodze. Dzięki 100 przepisom, które celebrują bogate dziedzictwo kulinarne Estonii, wyruszyliśmy w podróż pełną smaku, odkryć i eksploracji kulturowej, odkrywając wyjątkowe i pyszne dania, które czynią kuchnię estońską naprawdę wyjątkową.

Ale nasza podróż nie kończy się tutaj. Wracając do naszych kuchni, uzbrojeni w nowo odkrytą inspirację i uznanie dla kuchni estońskiej, kontynuujmy odkrywanie, eksperymentowanie i tworzenie. Niezależnie od tego , czy gotujemy dla siebie, naszych bliskich, czy gości, niech przepisy zawarte w tej książce kucharskiej będą źródłem radości i połączenia, jednocząc ludzi i celebrując uniwersalny język jedzenia.

A delektując się każdym pysznym kęsem estońskiej dobroci, pamiętajmy o prostych przyjemnościach związanych z dobrym jedzeniem, dobrym towarzystwem i radością dzielenia się posiłkiem z bliskimi. Dziękujemy, że dołączyłeś do nas w tej kulinarnej podróży po smakach Estonii. Niech Twoja kuchnia zawsze będzie wypełniona ciepłem i gościnnością kuchni estońskiej, a każde danie, które stworzysz, będzie celebracją bogatego dziedzictwa kulinarnego regionu Morza Bałtyckiego. Głowa Aega ! (Smacznego!)

www.ingramcontent.com/pod-product-compliance
Lightning Source LLC
Chambersburg PA
CBHW070349120526
44590CB00014B/1070